Ostsee-Inseln

Ostsee-Inseln

Keine gleicht der anderen

Reader's
Digest

Deutschland · Schweiz · Österreich

Inhalt

Auf der Seebrücke von Sellin, einem der schönsten Wahrzeichen der traditionsreichen Ostseebäderkultur auf Rügen, ist man dem Horizont ein kleines Stück näher.

Der Leuchtturm am Darßer Ort befindet sich an der nordwestlichen Spitze der Halbinsel Fischland-Darß-Zingst. Das altgediente Seefeuer warnt die Schifffahrt vor den Untiefen der Darßer Schwelle.

Im ruhigen Südosten von Usedom liegt an der polnischen Grenze das alte Fischerdorf Kamminke. Von dort schweift der Blick weit über das Stettiner Haff.

Ostseeinseln –
keine gleicht der anderen

Inseln bieten etwas Einzigartiges: Die Grenzen sind markant –
der Übergang von Land zu Wasser. Und doch lockt die Endlosig-
keit, der Übergang vom offenen Wasser zum weiten Himmel.

Die deutsche Ostseeküste bietet mehr Inselseligkeit als hinlänglich bekannt
ist. In Mecklenburg-Vorpommern befinden sich allein im Küstenbereich,
einschließlich der Boddengewässer, mehr als 50 Inseln mit einer Gesamtfläche von 1407 km² und einer Gesamtküstenlänge von 1155 km, wobei die
Länge der Außenküste 210 km und die der Binnenküste 945 km beträgt.
Somit fallen 60 % der Gesamtküstenlänge des Landes (1945 km) und ca.
45 % der gesamten deutschen Ostseeküste (2582 km) auf die zahlreichen
großen und kleinen Inseln in der Ostsee. Die längsten Küsten bieten Rügen
(597 km), Usedom (268 km), Hiddensee (63 km) und Poel (47 km). Hinzu
kommt natürlich noch Fehmarn im Bundesland Schleswig-Holstein mit
rund 78 km Küstenlänge. Die Größenangaben der Inseln in diesem Buch
gründen sich auf das aktuell gültige Regelwerk von 2009 des Küstenschutzes
von Mecklenburg-Vorpommern.

Dabei erweist sich die Definition einer Insel als „von Wasser umgebenes
Land" bei den kleinsten Inseln manchmal als recht schwierig. Ein Teil

**Der Große Jasmunder Bodden wirkt
mit seinen knapp 59 km² wie ein
Binnensee auf Rügen. Die schmale
Nehrung Schaabe trennt den Bodden
von der offenen Ostsee.**

dieser „Mikroinseln" liegt in den Boddengewässern von Usedom und Rügen sowie zwischen Darß-Zingst und dem Festland. Ihre sumpfigen Oberflächen heben sich oft nur wenig aus dem Wasser. Uferlinien und Flächengrößen variieren stark durch wechselnde Wasserstände. Viele dieser Inseln sind Naturschutzgebiete und für den Eintritt in diese Vogelparadiese braucht der Mensch eine Sondergenehmigung. Wenn auch Mecklenburg-Vorpommern Deutschlands beliebtestes Sommerreiseziel ist – nicht alle Inseln dienen unmittelbar dem touristischen Vergnügen. Viele von ihnen sind vor allem Brut- und Rastgebiet seltener Vogelarten. Auch tragen nicht alle Inseln einen Namen, viele blieben unbenannt, andere, wie die Inselchen westlich von Bock, sind unter dem Sammelbegriff „Kleine Werder" zusammengefasst. Nur etwa 20 aller Inseln Mecklenburg-Vorpommerns sind besiedelt – von der Hütte für den Vogelwart auf Langenwerder bei Poel bis zur städtischen Bebauung wie auf der Schlossinsel Wolgast vor Usedom.

Entgegen unserer Sehnsucht ist solch ein Eiland im Meer keine Insel der Beständigkeit. Laut Küstenschutz befinden sich 65 % der Außenküste Mecklenburg-Vorpommerns im Rückgang, nur an 13 % wächst die Fläche, beim Rest gleichen sich Abtragung und Anlandung aus. Durchschnittlich verliert die Küste in 100 Jahren 35 m Land. Markantes Beispiel ist

Im nördlichen Teil des kleinen Hafens von Neuendorf auf Hiddensee liegen Fischer- und Sportboote einträchtig nebeneinander. Zudem gibt es Liegeplätze für den Fährverkehr und ein Wassertaxi.

Nichts ist beständig. Das gilt besonders für die Küste, hier wird abgetragen, dort wird angespült …

Die rügische Halbinsel Wittow ist nur noch durch einen dünnen „Hals" mit der etwa 9 km langen Landzunge Bug verbunden (oben rechts). An besonders gefährdeten Stellen bremsen Buhnen die Kraft der Wellen (oben).

der Streckelsberg auf Usedom, der in den letzten 300 Jahren 250 m seiner Flanke an Wind und Wetter verloren hat. Bereits 1818/19 versuchte man, den schrumpfenden Berg gegen die rauen Seewinde mit Rotbuchen zu verwurzeln. Der Königliche Oberförster Schrödter befestigte auch die ersten Dünen zwischen Koserow und Zempin. Ende des 19. Jh. übernahm eine Ufermauer den Schutz vor Kliffabbruch und Küstenrückgang. Doch die Sturmfluten der Jahre 1904/05, 1913/14 und 1949 griffen das Uferschutzbauwerk massiv an. Mitte der 1990er-Jahre war der Zustand bedrohlich. 1996 wurden 516 000 m³ Sand aufgespült. Seitdem bremsen parallel zur Küste auch drei Offshore-Wellenbrecher die Kraft der See. 1998 entstand eine neue 615 m lange Schutzmauer, flankiert von 13 Holzpfahlbuhnen, die den kritischen Übergang von Steil- und Flachküste sichern. Für den Küstenschutz hat das Land Mecklenburg-Vorpommern seit 1990 rund

Regelmäßiger Küstenschutz und Deichpflege sind für Menschen, Tier und Land überlebenswichtig.

300 Mio. Euro für den Neubau und die Verstärkung von Küstenschutzanlagen investiert. Seitdem wurden über 15,5 Mio. m³ Sand aufgeschüttet, mehr als 800 Buhnen gebaut bzw. repariert und über 30 km Deiche errichtet oder verstärkt. Mehr als 1,8 Mio. m³ Sand wurden allein vor Ahrenshoop aufgespült.

Aufspülungen verstärken auch die Dünen an der Außenküste von Zingst auf 7,5 km. Neuendorf auf Hiddensee wurde 1999 ringförmig eingedeicht, auch Thiessow auf Rügen schützt heute ein 1160 m langer Deich. Bei der nachweislich größten Sturmflut im November 1872 kamen im gesamten südlichen Ostseeraum 200 Menschen ums Leben, 15 000 wurden obdachlos. Immer wieder gebärdet sich die See wie eine wilde Windsbraut. Ohne ausreichenden Schutz würde sie bei einer Sturmflut 1080 km² der Außen- und Binnenküste überfluten. Die letzte schwere Sturmflut von 2006 aber hinterließ dank der stabilen Küstenschutzanlagen keine nachhaltigen Schäden.

Aus Fischerdörfern werden Seebäder

Wo sich heute Badegäste sorglos am Strand tummeln, standen einst allenfalls rohrgedeckte Holzhütten für die Fischfanggeräte und Pökelsalz. Wer ein richtiger Insulaner war, mied eher das Meer. Kein Fischer, kein Seemann ging freiwillig baden. Die ersten insularen Badefreuden begannen mit dem Fürsten Malte, der aus seinem Residenzstädtchen Putbus einen Badeort nach dem Vorbild Heiligendamms, Deutschlands ältestem Seebad, erschaffen ließ. Auf Usedom breitete sich dieses neumodische Vergnügen von Swinemünde her aus. 1825 erbaute Georg Bernhard von Bülow (1768–1854), der Besitzer des Ritterguts Gothen, in Heringsdorf die erste Pension, das *Weiße Schloss*, in dem 1866 auch Kronprinzessin Viktoria von Preußen mit ihrem Sohn, dem späteren Kaiser Wilhelm II., logierte.

1860 wurden auf Poel die ersten Badegäste gesichtet. Der Gutsbesitzer Paetow aus Brandenhusen vermietete ab 1899 jeden Winkel seines Hofes. Zwischen 1907 und 1909 stieg die Gästezahl von 300 auf 800. Heute wie damals logiert man auf Poel vor allem in Ferienwohnungen.

Rostrote Segel im Blau des Boddens, Farbrausch auf der Kunstauktion – Natur und Kultur liegen auf der Halbinsel Fischland-Darß-Zingst besonders eng beieinander, denn bereits 1889 wanderten Künstler von Wustrow – auf dem Fischland gelegen – zum Fischerdorf Ahrenshoop. Ende des 19. Jh. wurde aus so manchem kleinen Fischer- und Schiffernest ein schmuckes Seebad. Pensionen und Hotels aus Holz und Glas, mit Türmchen, Veranden und Erkern erinnern vor allem auf Rügen und Usedom noch heute an die Anfänge der Badekultur. Inzwischen kann man auf den Inseln zwischen wenig bevölkerten, stillen Stränden und turbulenter Geselligkeit wählen. Dabei bewahrt dennoch jede der Ostseeinseln ihre Eigenart. Weiße Kreideklippen nehmen auf Rügen das Auge gefangen und wecken die Fantasie. Sie überraschen wie Schnee in einer Sommerlandschaft, wie ein weißer Elefant

1887 begann die touristische Entwicklung Sellins, das heute eines der größten Ostseebäder auf Rügen ist und zwei Strände zu bieten hat.

in grauer Herde. Sie geben uns zu verstehen: Hier hat die Natur etwas ganz Besonderes geschaffen. Kostbar wie das Marmorgebirge im toskanischen Carrara, stolz wie die White Cliffs of Dover. Rügen lockt mit tiefgrünen Alleen, steinalten Hünengräbern, mittelalterlichen Dorfkirchen – und schneeweißen Stränden, die aber findet man auch auf den anderen Inseln. Auf Usedom liegt der Zuckersandstrand adeligen Villen zu Füßen. Auf dem Darß zeigt er mitten im Nationalparkgebiet seine wilde Seite. Auf Poel rahmt er nordwärts fruchtbares Bauernland. Die Insel Poel hat nicht die Größe Rügens, nicht die Noblesse Usedoms und auch nicht den Zauber Hiddensee – doch ist sie die Ruhe selbst und die uneitelste aller Inseln. Eine liebenswerte Landpomeranze, die sich, ähnlich wie Fehmarn, statt mit einer Perlenkette im Sommer mit Kamillenblüten und Mohnblumen schmückt. Ihr Parfüm ist der süße Duft von Raps. Doch kein Eiland erfüllt mehr den Traum vom unbeschwerten Inseldasein wie Hiddensee – eine Insel ohne Autoverkehr. Sie ist die einzige der deutschen Ostseeinseln, die man nur mit dem Schiff erreichen kann.

Küstenfischerei auf dem Rückzug

Frischer Fisch, geräuchert, gebraten, gekocht – kein Produkt der Ostseeinseln nährt so sehr die Sehnsucht der Urlauber nach Inselromantik und Regionaltypischem wie Hering, Aal, Flunder und Co. Auch im Poeler Hafen mischt sich der ewig brackige Geruch von Seetang und Fisch mit dem würzigen Duft der Räucheröfen. Die saftigsten Aale werden oft gleich an Bord geräuchert und von dort verkauft. Im alten Holzschuppen am Strand von Heringsdorf flickt der Fischer wie Generationen vor ihm die Netze, erneuert Anker, Leinen und Haken.

Doch was den Feriengast wie ein romantisches Stück vom Inselglück anmutet, ist ein harter Job, auch wenn die Fischer heute nicht mehr wie ihre Vorfahren übers Wasser rudern und 40-PS-Motoren und Navigationshilfen die Arbeit erleichtern. Schon bei Sonnenaufgang sticht der Kutter in See, bei jedem Wind und Wetter. Von Usedom aus manchmal 17 Meilen weit bis zur Oderbank hinaus, in der Hoffnung, dass reichlich Heringe, Lachse, Zander oder Flunder in den Stellnetzen zappeln. Für den Aalfang werden über 3000 Tobiasfische an die Haken der Aalschnüre gespickt. Kehrt das Fischerboot wieder an Land zurück, warten schon viele Insulaner und einige Hotelköche auf den frischen Fisch. Doch lebt heute kaum ein Fischer mehr vom Fischfang allein. Einschränkende Fangquoten, niedrige Fischpreise, hohe Kosten bedrohen vor allem die „kleinen" Fischer.

Und trotzdem halten sich glücklicherweise noch etliche Fischerfamilien wortwörtlich über Wasser, indem sie den Fang selbst vermarkten und Fremdenzimmer vermieten. Das ist gut für die Fischer und gut für den Tourismus. Die Fischerhütten in Bansin und *Uwes Fischerhütt* gegenüber den feinen Ahlbecker Strandpromenadenvillen geben den Ostseebädern nicht nur

Bis in das 19. Jh. war Zempin ein Fischerdorf am Achterwasser. Erst später entstand die seeseitige Badekolonie – die Reusenfischerei wird aber bis heute betrieben.

bodenständiges Flair; mit ihnen hält sich ein vom Aussterben bedrohter Beruf am Leben: die Strandfischerei. Um 1900 nährte Fisch in Ahlbeck noch um die 200 Familien. Nach dem Zweiten Weltkrieg waren es kurzzeitig sogar rund 300. Von 1990 bis heute sank die Zahl der Ahlbecker Berufsfischer von 30 auf nur mehr sechs.

Auch in Bansin zieht einer der letzten aktiven Fischer sein Boot an Land. Eine breite zuverlässige Gestalt in klitschnassem Ölzeug und Seemannspullover. In der orangefarbenen Plastikkiste zucken ein paar Heringe und ein Lachs. „Der Heringskönig", grinst der Fischer, als ein Strandgänger den großen Silberpfeil als besonders gelungenes Heringsexemplar bewundert. „Du büst so dumm wie ein Badegast", hieß ein pommerscher Spruch, den man früher oft auf Usedom hörte. In der Hochsaison wird eben mancher Fischer auf Usedom seinem Motto „Ick holl min Mul, dat schont die Tähnen" („Ich halte meinen Mund, das schont die Zähne") untreu und widerlegt wortgewandt die landläufige Meinung, der Küstenbewohner sei allzu ernsthaft und maulfaul.

Hiddenseer Fischer hingegen bleiben ihrem Ruf treu. Das Gebäude des Fischrestaurants im Vitter Hafen auf Hiddensee gehört der Fischereigenossenschaft. Aalspeer, Eisaxt und etwas Tauwerk hängen an den Wänden. Aal gibt es, typisch für Hiddensee, und die Scholle lappt weit über den Tellerrand. Hinter den Fenstern schaukeln die Boote. An einem Tisch mitten im Raum sitzen Fischer wie Wellenbrecher in der Brandung launigen Urlaubergeplauders. Hiddenseer Fischer reden nicht viel, heißt es, mit Fremden schon gar nicht. Und fremd ist selbst ein Hiddenseer, dessen Familie nicht seit mindestens zwei Generationen auf der Insel lebt. Eine verschworene Gemeinschaft. Doch kein Fischer auf Hiddensee, der nicht auch längst eine Ferienwohnung ausgebaut hätte. Gab es auf Hiddensee in den 1970er-Jahren noch 17 Kutter mit 61 Fischern, gehen heute noch 13 Boote mit insgesamt 19 Mann Besatzung auf Fischfang. Die meisten der Hiddenseer Fischer sind im Hafen von Vitte stationiert. In Neuendorf haben sich die Hiddenseer Fischer mit einem kleinen Museum ein eigenes Denkmal gesetzt. Im Hafen

**Schon im Morgengrauen brechen die Fischer im Hafen Lauterbach auf und gehen auf Fischfang in den Boddengewässern (oben).
Auf Hiddensee hat die Fischerei eine lange Tradition. Manche Fischer bieten ihren frischen Fang im Hafen von Kloster zum Verkauf an (unten).**

von Kloster schaukeln Räucherschiffe. Auch Willi, eine alte umfunktionierte Hafenbarkasse dient als „schwimmender Imbiss". Auf dem Speisezettel stehen Räucherfisch, Rollmops, Fischbrötchen und Heringssalat.

Fischerromantik auch im kleinen Ort Vitt auf Rügen. Der Schornstein des Räucherofens qualmt würzig. Vitt, mit seinen rohrgedeckten Häuschen ein Ort wie aus dem Bilderbuch, wurde jüngst sogar als Kulisse für die Verfilmung des ursprünglich plattdeutschen Märchens *Vom Fischer und seiner Frau* der Brüder Grimm entdeckt. Hauptdarsteller sind der Hollywood-Star Ralf Möller und die ungarische Schauspielerin Erika Marozsán. Oscar-Preisträger Maximilian Schell mimt den Leuchtturmwärter und Erzähler der Geschichte vom Fischer, der einen verwunschenen Butt fängt, und seiner habgierigen Frau Ilsebill.

Sonnenverwöhnte Inselstrände

Über nichts wird im Norden mehr geredet als über das Wetter. Der hohe Himmel ist Projektionsfläche für das himmlische Schauspiel, dessen strahlende Diva die Sonne ist. Weitere Hauptakteure sind Wind und Wolken. Ein dramatisches Dreiecksverhältnis, in dem der Windgott Aiolos die dynamische Rolle übernimmt. Kaum verschatten dicke Regenwolken das Antlitz der heißblütigen Geliebten, zerfetzt der Wind die Wolken, fegt er sie übers Meer.

So scheint die Sonne in Deutschland nirgendwo mehr als an der Ostseeküste. Dies bestätigte im Jahr 2012 auch der Deutsche Wetterdienst nach Auswertung der Statistik der vergangenen 30 Jahre. Die deutschen Ostseeinseln sind somit Sonneninseln. Es stimmt also keineswegs, wenn es manchmal heißt, die Küste sei eine „Schiedwedder-Region". Mit 1917 Sonnenstunden liegt Zinnowitz auf der Insel Usedom bundesweit ganz vorn, übertroffen noch von Fehmarn, das 2009 mit 2152 Sonnenstunden aufwarten konnte; Hiddensee verzeichnete 2008 sogar noch 16 Stunden mehr. Berlin etwa hat zum Vergleich durchschnittlich ca. 1600 Sonnenstunden. Doch das launische

Wetter krönt Jahr für Jahr eine neue Sonnenkönigin, so waren im Jahr 2012 Kap Arkona auf Rügen, Vitte auf Hiddensee und die Insel Oie die sonnigsten Orte. Auch die Niederschlagsmengen sind eher bescheiden. Während etwa zwei Autostunden entfernt Hamburg jährlich 737 mm Niederschlag pro Quadratmeter misst, regnet es auf Fehmarn 475 mm. Rügen rechnet mit 561 mm im Jahr. Ursache ist das Seeklima, das die Wolkenbildung hemmt. Zumeist regnen sich die dicken grauen Wolken schon über dem Festland ab. So wirkt das milde Reizklima mit seiner sauerstoffreichen Seeluft, den geringen Temperaturschwankungen, einem hohen Luftaustausch und langer Sonnenscheindauer außerordentlich heilsam.

Mit insgesamt 595 l Niederschläge pro Quadratmeter und Jahr gehört laut Landestourismusverband Mecklenburg-Vorpommern zu den niederschlagsärmsten Bundesländern. Noch weniger regnet es lediglich in Berlin (573 l), Brandenburg (557 l) und Sachsen-Anhalt (547 l). Im deutschen Durchschnitt fallen jährlich 789 l Niederschläge je Quadratmeter.

Die Ostseeinseln im Winter

Für die wahren Ostseeliebhaber gibt es kein schlechtes Wetter, nur unpassende Kleidung. Am liebsten wandern sie am Strand entlang, wenn sich die See brüllend gegen das Ufer wirft. Sie mögen es, eingemummelt die rotgefrorenen Nasen in den Wind zu strecken, um später bei Sanddorngrog wieder aufzutauen. An stillen Wintertagen schwappt das Meer eisgrau an den Strand. Kein Rauch steigt mehr auf aus den Räucheröfen. Die Fischerboote sind an Land gezogen. Nahezu menschenleer sind Strand, Straßen und Kneipen. Eistropfen glitzern an den Halmen des Strandhafers. Im Darß-Dorf Wieck stimmen die Singschwäne auf dem Bodden ihr Winterlied an. In der *Bunten Stube* in Ahrenshoop kauft jemand ein Buch, denn Winterabende am Meer sind lang und die Nächte dunkel. Nur hin und wieder schimmert Licht aus einem kleinen Fenster unter dickem Rohrdach. Winter auf den Ostsee-Inseln, das ist die Zeit der Naturfreunde, der „Trendsensiblen", wie der Buchhändler Andreas Wegscheider die hartgesottenen, sturmerprobten Wintergäste in Abgrenzung zu den „Nurerholern", den „Familienurlaubern" und den „Luxusgästen" der Haupt- und Nebensaisonzeiten nennt. Der „Trendsensible", der seine Nase ebenso gern in Seeluft wie in Bücher steckt, ist dem Besitzer des schon in den 1920er-Jahren als Verkaufsraum mit Bücherecke gegründeten Ladens von allen Gästen der liebste. Wenn es Winter wird auf der Halbinsel Fischland-Darß-Zingst, beginnt der Einheimische aufzutauen. Jetzt wird es Zeit für die Inselbewohner, sich wieder um sich selbst zu kümmern. In Born werden Kostüme für den Maskenball und das kommende Fastnachtstonnenabschlagen genäht. Wie in alten Zeiten hängt eine hölzerne Heringstonne am hohen Seil mitten im geschmückten Dorf. Wer im gestreckten Galopp vom Pferd aus mit einem Knüppel den letzten Scheit herunterschlägt, wird König.

Im Jahr 2010 hatte der Winter auch die Insel Rügen fest im Griff. Auf der Halbinsel Möchgut türmte sich das Packeis.

Ein Eisbrecher bahnt sich den Weg durch den Rügischen Bodden zur Insel Vilm (oben). Für die einen bedeutet es Arbeit, für andere bringt der Winter besondere Fotomotive: Frost verzaubert den Urwald von Vilm in ein Wintermärchen (unten).

In Althagen schiebt der Eisschlittenbauer Jens Lochmann sein Wintergefährt auf den Bodden und erzählt Geschichten von Wind und Weite, von „irrsinnigem Glücksgefühl" und gefährlichen Waks, den dünnen Stellen im Eis. „Die Bucht vor der Fulge ist der gegebene Segelschlittenhafen der Althäger und Niehäger Jungen … Wie fantastische Vögel flattern die kleinen Schlitten dahin", schrieb vor über 50 Jahren die Heimatschriftstellerin Käthe Miethe in ihrem Althäger Haus. Fast wären die Eisschlitten von der Bildfläche verschwunden, doch seit einigen Jahren beleben sie wieder die zugefrorenen Bodden. Auch über Fehmarn, Poel und Hiddensee weht nun ein eisiger Wind. Kein Feriengewimmel, kein Autohupen, kein Fahrradgeklingel. Winter ist die Zeit, in der sich die Inseln von sich selbst erholen. Auch wer jetzt hier Urlaub macht, will sich auf sich selbst besinnen. Die Tage der Ereignislosigkeit werfen die Menschen auf sich selbst zurück. Das hat Erholungswert. Wer auch im Winter Geselligkeit sucht, reist in die Kaiserbäder auf Usedom und nach Binz auf Rügen.

Meer und Mythen

Der Norden ist voller Geschichten und Sagen. Und auf Inseln spukt es bekanntlich immer noch ein bisschen mehr als anderswo. Wo Feuersteine mit Loch als Glücksbringer vergöttert werden, lauscht man gerne den Erzählungen von wilden Seeräubern und schönen Seejungfrauen. Fehmarns Märchenwelt bevölkern Hexen und Teufel. Störtebeker soll auf Fehmarn und auch an der Steilküste von Jasmund auf Rügen einen legendären Schatz

Durch das Waldgebiet der Stubnitz auf Rügen geistert die Sage von der heidnischen Göttin Hertha. Zwischen den hohen Buchen, nahe dem Hertasee, so heißt es, befand sich ihr Heiligtum. Zudem soll in einer Höhle der nahen Kreidefelsen auch ein Schatz des Seeräubers Störtebeker versteckt sein.

versteckt haben. Bei allen Seeleuten zwischen Fehmarn und Usedom spielte Klabautermann als unsichtbarer Schutzpatron der Schiffe eine gewichtige Rolle. Schon Johann Gottfried Herder stellte in einem *Reisejournal aus dem Jahre 1769* fest: „Die Schiffsleute sind immer ein Volk, das am Aberglauben und Wunderbaren vor andern hängt. Da sie genötigt sind, auf Wind und Wetter, auf kleine Zeichen und Vorboten zu achten, da ihr Schicksal von Phänomenen in der Höhe abhängt, so gibt dies schon Anlass genug, auf Zeichen und Vorboten zu merken …"

Vor allen in den Wintern wird auf den Ostseeinseln reichlich Seemannsgarn gesponnen. Man weiß Sagenhaftes über die Entstehung der Insel Rügen zu berichten: Gott, so heißt es, stand kurz vor dem Feierabend auf der Insel Bornholm und schaute zum Festland hinüber. Die pommersche Küste erschien ihm noch zu kahl. Er nahm den Rest der Erde aus seiner Molle und warf sie hinüber. Die Klumpen fielen knapp eine Meile vor der Küste ins Wasser. Gott strich die Kanten glatt und Rügen war erschaffen. Die Sonne war fast untergegangen, da kratzte er noch die letzten Krümel zusammen und warf sie hinterher. So entstanden die Halbinseln Wittow und Jasmund. Einige Teile landeten auch tief im Südosten.

Von Untergang berichtet die Vineta-Legende, die man auf Usedoms Freilichtbühne in Zinnowitz allsommerlich heraufbeschwört. Auf der Insel Poel erzählt man sich von zwei übermütigen Konfirmanden, die, froh, der Schulzeit ledig zu sein, mit Trommeln und Flöten in einen unterirdischen Gang hineingegangen seien, der von Wismar durch die Insel Walfisch bis nach Poel führen sollte. Auf Poel sind sie allerdings nie angekommen. Zu den Sagen, die Richard Wossidlo (1859–1939), Mecklenburgs großer Brauchtums- und Sprachenforscher zusammengetragen hat, gehört auch die vom Moort, aus der man lernen kann, dass es auf Poel ratsam ist, nachts den Schlüssel nicht abzuziehen. Denn der Moort schlüpft mit Vorliebe durch das Schlüsselloch, um sich auf die Brust der Schlafenden zu setzen.

Die Karte des Küstenverlaufs zwischen Lübecker und Pommerscher Bucht ist nur eine Momentaufnahme: Während die Boddenregion küstendynamisch weitgehend beruhigt ist, schreitet der landschaftsverändernde Prozess an großen Teilen der Außenküste stetig voran. Dabei nimmt die Küstenveränderung von West nach Ost zu. Während die Lübecker Bucht und die Wismarbucht mit Fehmarn, Poel und Wustrow große Ausbuchtungen aufweisen und die Küste der Mecklenburger Bucht eine recht glatte Linie zeigt, beginnt die Ostseeküste östlich von Rostock auszufransen. Dem Fest-

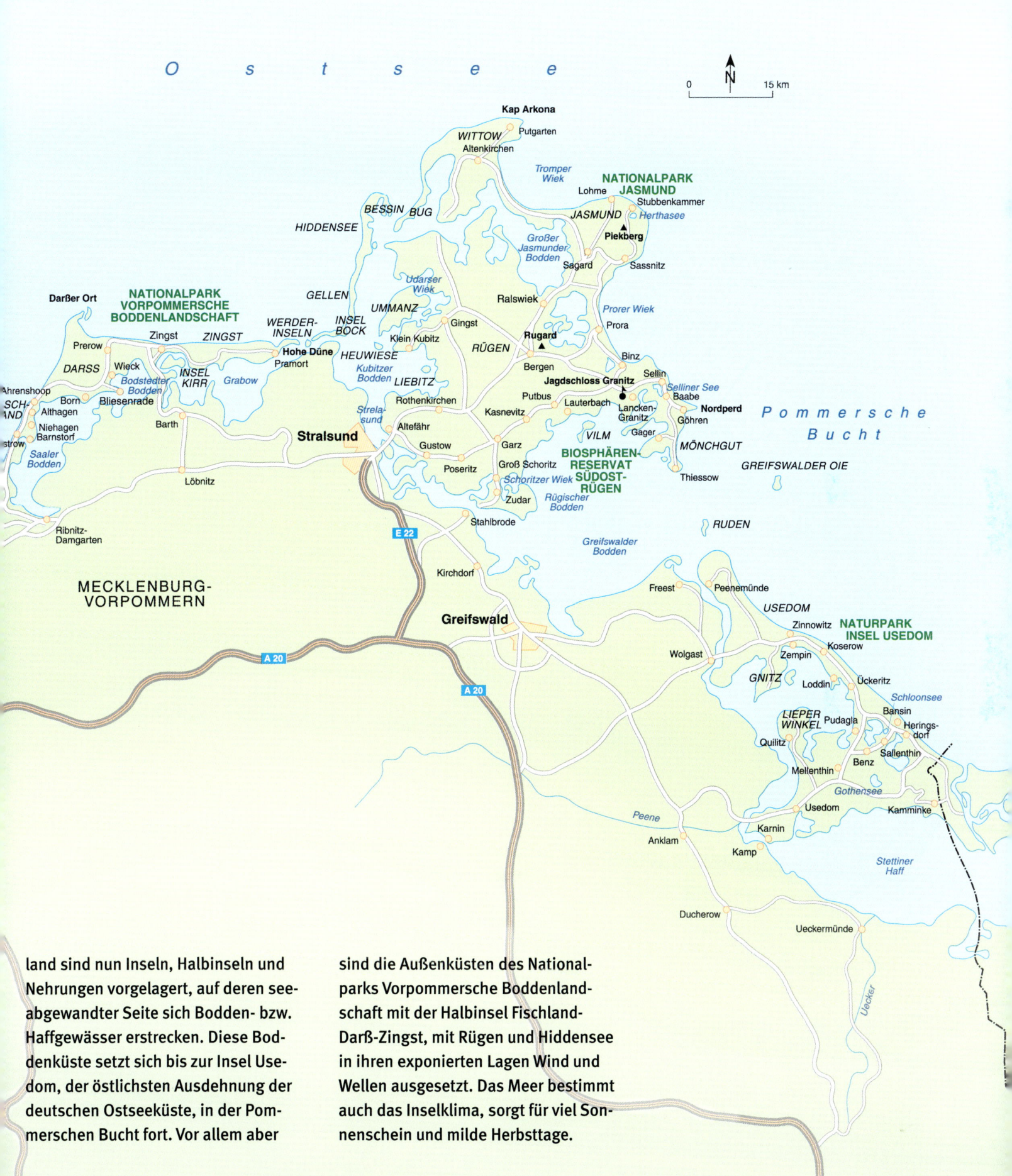

land sind nun Inseln, Halbinseln und Nehrungen vorgelagert, auf deren see-abgewandter Seite sich Bodden- bzw. Haffgewässer erstrecken. Diese Boddenküste setzt sich bis zur Insel Usedom, der östlichsten Ausdehnung der deutschen Ostseeküste, in der Pommerschen Bucht fort. Vor allem aber

sind die Außenküsten des National-parks Vorpommersche Boddenland-schaft mit der Halbinsel Fischland-Darß-Zingst, mit Rügen und Hiddensee in ihren exponierten Lagen Wind und Wellen ausgesetzt. Das Meer bestimmt auch das Inselklima, sorgt für viel Son-nenschein und milde Herbsttage.

Die Ostsee –
Erbe der Eiszeit

Die Ostsee ist erdgeschichtlich relativ jung. Ein Meer mit
wechselhaftem Temperament – an einem Tag sanft, kann es
schon kurz darauf wilde Wellen schlagen.

Nach der letzten Eiszeit wuchsen von Wasser umschlossene Moränenkuppen durch schmale Landrücken zusammen. Es entstanden nahezu völlig vom Meer abgeschlossene Wasserlandschaften – wie die Darß-Zingster Boddenkette.

Unendlich weit reicht der Blick über das große Wasser, und doch ist die Ostsee mit 413 000 km^2 das kleinste der Weltenmeere, ein Nebenmeer des Atlantiks, im Vergleich dazu fast eine Pfütze.

Durch die Wasserstraßen Øresund, 24, Kleiner Belt, Kattegat und Skagerrak mit der Nordsee verbunden, bezieht die Ostsee von dort Salz und Sauerstoff. Dabei nimmt der Salzgehalt, der an der Küste Fehmarns noch bei 1,8 % liegt, ab, je weiter man nach Osten kommt. Da Salzwasser schwerer als Süßwasser ist, steigt die Salzkonzentration auch mit der Tiefe des Meeres, die durchschnittlich bei 52 m und zwischen Schweden und der Insel Gotland bei maximal 495 m liegt. Stürme, die den Wasseraustausch durch die Meerengen beschleunigen, erhöhen die Salzwerte und mischen die Schichten des Meeres kräftig durch. Regen sorgt für einen vermehrten Süßwassereintrag. Auch Flüsse wie die Oder führen der Ostsee Süßwasser zu. Der dadurch geringe Salzgehalt macht die Ostsee zu einem sensiblen und einzigartigen Brackwasserlebensraum, der an den salzigen Zuflüssen von der Nordsee wie an einer

Nabelschnur hängt. Nur angepasste Lebewesen können in der Ostsee existieren. Lebenskünstler wie Sandgrundel und Hecht fühlen sich auch in süßerem Wasser wohl. Seestern und Scholle dagegen kämpfen bei Salzmangel schon ums Überleben. Während im salzigeren Kattegat um die 1500 Meeresarten leben, sind bei Finnland nur noch knapp über 50 anzutreffen. Hering, Dorsch und Aal gehören zu den wirtschaftlich wichtigsten Fischen dieses Meeres.

Im Winter kommt die Insel Vilm scheinbar zur Ruhe. Doch gefrorenes Niederschlagswasser sprengt bei Tauwetter oftmals Teile der Hochuferwände ab.

Vom See zum Meer

Die Ostsee ist ein Produkt der Eiszeit und somit erdgeschichtlich relativ jung. Im Laufe der vergangenen 500 000 Jahre drangen von Skandinavien aus während mehrerer Eiszeiten gewaltige Eismassen weit nach Süden vor. Dabei schürfte dieses sogenannte Inlandeis nicht nur das Ostseebecken aus, es hinterließ auch im nördlichen Mitteleuropa eine dicke Schicht von Sand, Mergel, Kies, Geröll und vielen großen Gesteinsbrocken. Dieser Glazialschutt ist das Baumaterial der deutschen Ostseeküste.

Die Gletschermassen der Eiszeit schufen die Voraussetzungen für die Entstehung der Ostsee.

Vor etwa 12 000 Jahren war dieses Eis abgeschmolzen. Der Pegel der Weltmeere lag damals noch weit unter dem heutigen. Die Ostsee war damals

Dolmen und Großsteingräber bezeugen die jungsteinzeitliche Besiedlung

Nach dem Eis kam der Mensch. Zu den ersten Spuren der Besiedlung der Ostseeinseln gehören die Großsteingräber der Jungsteinzeit. Sie entstanden zwischen 4000 und 2000 v. Chr. Volkstümlich wurden diese Megalithanlagen aus Findlingen Hünengräber genannt, konnten sie ihrer Größe wegen doch nur von und für Riesen erbaut worden sein. Mit Erde bedeckt, erzeugen sie kleine Erhebungen, sodass man sie auch als Hügelgräber bezeichnet. Allerdings können sich darunter auch Grabstätten der Bronzezeit befinden, in denen man die Leichen in ausgehöhlten Eichenstämmen beerdigte. So hütet das 7 m hohe Hügelgrab Himmel von Silmenitz bei Garz auf Rügen bis heute sein Geheimnis.

Rätselhafte Vorgeschichte

Nicht zu unrecht vermuteten die späteren Generationen Schätze in den monumentalen Grabanlagen. Den Toten wurden für ihre Reise ins Jenseits Tongefäße, Schmuck und Waffen mitgegeben. Obwohl viele Gräber im Laufe der Zeit ausgeraubt wurden, fand man beispielsweise noch 1970 im Riesenberg von Nobbin auf Rügen in einem 34 m langen und bis zu 11 m breitem trapezförmigen Hünenbett neben zwei Schädeln auch Pfeilspitzen aus Flint. In jüngerer Zeit untersuchte Gräber lassen auch die Schlussfolgerung zu, dass diese nicht nur Bestattungsort, sondern auch Bestandteil eines komplexen Kultes oder Hoheitszeichen für bäuerliche Siedlungsgebiete waren.

Solche Großsteingräber weckten die Fantasie der Menschen. Der Riesenberg soll Caspar David Friedrich zu

seinen Gemälden *Hünengrab am Meer* (1807) und *Abend am Ostseestrand* (um 1830) inspiriert haben. Die Symbole der Ewigkeit gaben Rätsel auf. „Die ältesten Annalen wissen nichts von ihnen noch von den Namen derer, die darunter liegen ... Sie liegen jetzt als unbekannte Wesen der Vergangenheit", bedauerte der Reiseschriftsteller Johann Jacob Grümbke zu Beginn des 19. Jh. Viele seiner Zeitgenossen jedoch sahen die Angelegenheit pragmatischer und machten einem Großteil dieser heute unter Denkmalschutz gestellten Anlagen den Garaus. Die Findlinge wurden zu Chausseen, Hausfundamenten und Kriegerdenkmalen verbaut. Tonnenschwere Steinblöcke reduzierte man auf Grenzsteine und Torpfeiler. So schrumpfte man auch den Großen Stein von Nardevitz auf Rügen von 4700 auf 1566 t. Einst war

auch die Insel Fehmarn gespickt mit solchen monströsen Grabstätten. So hat sich mit dem Alwerstein auf Fehmarn ein 3500 Jahre altes Grab erhalten. Reste eines Langbettes, d. h. besonders große Grabanlagen, findet man in der Nähe von Katharinenhof.

Die Großsteingräber – hier ein Beispiel aus einem steinzeitlichen Gräberfeld bei Lancken-Granitz auf Rügen – entstanden aus den Findlingen, die mit dem Eis aus dem Norden gekommen waren.
Bild im Hintergrund: Das Hünengrab Riesenberg bei Nobbin auf Rügen.

Immer wieder kommt es zu plötzlichen Abbrüchen an der Kreideküste von Jasmund. Zigtausende Kubikmeter Kreide werden dann in die Ostsee gerissen. Zurück bleiben oftmals Findlinge, die Zeugnis davon ablegen, welchen Naturkräften die Küste ausgesetzt ist.

Die Küstenlinie ist bis heute nicht zur Ruhe gekommen und verändert sich beständig.

nicht viel mehr als ein See – der vor ca. 11 000 Jahren aus Resten des Inlandeises angestaute Baltische Eissee. Doch der Meeresspiegel stieg weiter. Sauerstoffreiches Salzwasser drang von der Nordsee in die tiefer gelegenen Areale der Ostseesenke. Bald wurde die Verbindung zwischen dem kurzzeitig zum Meer gewordenen See und dem Atlantik wieder unterbrochen. Die skandinavischen Gletscher schmolzen weiter ab, der Druck auf die skandinavische Landmasse nahm ab, sodass sie sich zu heben begann und dadurch die Meeresverbindungen blockierte. Wieder wurde aus dem Meer ein See. Immer noch stieg der Pegel der Weltmeere weiter, sodass sich erneut Salzwasser in den Bereich der späteren Ostsee ergießen konnte. Bei dem ungleichmäßigen Anstieg des Meeresspiegels bildeten sich Steilufer und Brandungsterrassen, die noch heute im Meeresboden Auskunft über den Verlauf früherer Küstenlinien geben. Aus dem Zusammenspiel von Gletschern und wechselndem Wasserstand entstanden zudem unterschiedliche Küstenformen. Gletscher hobelten Erdmaterial ab. Aus den Vertiefungen wurden Abflussrinnen für Schmelzwasser, das Meereswasser drang später hinein (z. B. die Flensburger Förde). Die Boddenküste mit ihren breiten, unregelmäßig geformten Buchten entstand durch Überflutung leicht gewellter, nacheiszeitlicher Moränenlandschaften. Steilküsten wiederum entstehen durch den Einfluss der Erosion (Brandung, Regen, Wind und Frost) auf die Ablagerungen von Muschelkalk und Sedimentschichten, die zu Kreide gepresst wurden. Erst vor etwa 4000 Jahren hatte die Ostsee durch Abschmelzen der kontinentalen Eiskappen den heutigen Pegel erreicht. Ganz allmählich überspülte das Meer das Land. Aus erhöhten Festlandteilen wurden Inseln und Halbinseln. Ständig veränderte sich die Küstenlinie. Steilufer wichen schrittweise zurück. Was das Meer an der einen Stelle der Küste entriss, schwemmte es andernorts als Nehrungen und Sandhaken wieder auf.

Die Ausgleichsküste bestimmt das Gesicht der Küstenlinie Mecklenburg-Vorpommerns. Die Küste wird noch immer vom Meer beständig überformt. Es spült mit Beharrlichkeit neue Landschaften auf, reißt mithilfe von Wind und Wetter gewaltige Steilküstenbereiche nieder. Seit dem Unglück im Winter 2001, bei dem Tonnen von Steinen, Schlamm, Kreide und Mergel abbrachen, wird auf Rügen massiv vor der Abbruchgefahr an den Kliffrändern gewarnt. Das Sicherheitskonzept für die Insel wurde überarbeitet, Wanderwege wurden verlegt. Faltblätter klären auf, dass infolge des ständigen Küstenrückgangs und -zerfalls immer die Gefahr von Kliffabbrüchen und Hangrutschungen besteht.

Museum der Erdgeschichte

So klein die Ostsee auch im Vergleich mit den Weltmeeren ist – sie hat Temperament. Oft bringt sie ein atlantischer Tiefausläufer zur Raserei. Nach stürmischen Tagen strömen Strandwanderer zu steinigen Uferstreifen, in der Hoffnung, Klappersteine und Hühnergötter sowie fossile Muscheln, Schwämme und Korallen zu finden. Jeder Stein wird auf Löcher, Einschlüsse und sonstige urzeitliche Spuren hin untersucht. Dabei gleicht kein Stein dem anderen. Begeisterung kommt auf beim Fund der blassbraunen länglichen Donnerkeile. Die „Geschosse des germanischen Donnergottes Donar" sind keine versteinerten Blitze, sondern stammen von den Belemniten, einer ausgestorbenen Tintenfischart. Tonnenweise haben Sammler im Lauf der Jahrzehnte Versteinerungen als Gartenschmuck und Briefbeschwerer nach Hause geschleppt. Für Paläontologen und Geologen sind die Steinstrände ein Feld der Forschung. An der Steilküste von Jasmund hat man bereits fossile Überreste von etwa 1400 verschiedenen Tier- und Pflanzenarten gefunden. Die über 70 Mio. Jahre alte Kreideküste, die aus Schalenresten mikroskopisch kleiner Meerestierchen besteht, ist eine riesige Fossiliensammlung. Unermüdlich spuckt sie geheimnisvolle Exemplare eiszeitlicher Hinterlassenschaften aus. Die schwarzen Bänder, die die Kreideküste Rügens in regelmäßigen Abständen durchziehen, sind Feuersteinschichten. Kryptische Zeichen, geritzt in den Feuerstein, entziffert der Fachmann als Gänge prähistorischer Würmer. An solch einem Feuersteinstrand kann man die gesamte Erdgeschichte des skandinavisch-baltischen Raumes nachvollziehen. Sogar einen Saurierzahn hat man hier schon gefunden. Diese Strände sind ein Freilichtmuseum der Erdgeschichte, in dem die Jahrmillionen ihre Botschaften hinterlassen haben.

Hühnergötter: Schutz vor dem bösen Blick?

Hühnergötter sind durchlöcherte Feuersteinknollen aus kristallisierter Kieselsäure, die vor dem bösen Blick schützen sollen. Finden kann man sie unter anderem an den Küsten der Nord- und Ostsee. Die Löcher dieser Steine entstanden durch das Auswaschen von Kreideeinlagerungen, häufig fossiler Seeigel. Die großen Brüder der Hühnergötter sind die „Sassnitzer Blumentöpfe", zentnerschwere Steine, die von den Geologen als Paramoudras bezeichnet werden. Schon die Germanen glaubten, dass Lochsteine Dämonen in die Irre führen könnten. Die Slawen hängten sie in den Hühnerstall. Auf Rügen wurde sogar durch Lochsteine gemolken, Kindern hat man sie unter das Kopfkissen gelegt, in der Hoffnung auf gute Zensuren. Wer durch solch ein Loch im Stein in die Sonne blickt, darf sich im Übrigen etwas wünschen.

Fehmarn – Krone im blauen Meer

Das sonnenverwöhnte Fehmarn ist nach Rügen und Usedom Deutschlands größte Insel. Der Name ist slawischen Ursprungs und leitet sich von „fe mer" – im Meer gelegen – ab.

Bis zum 3. Oktober 1990 war Fehmarn mit 185 km² die größte Insel der Bundesrepublik Deutschland. Mit der deutschen Wiedervereinigung hat Rügen diese Rolle übernommen. Unbenommen aber bleibt dem Eiland zwischen Kieler- und Mecklenburger Bucht das Privileg, einzige und damit allzeit größte Ostseeferieninsel Schleswig-Holsteins zu sein. Zudem genießt die Insel seit 2003 Stadtrecht und ist durch die Fusion der einst vier selbstständigen Gemeinden flächenmäßig die zweitgrößte Stadt des Bundeslandes. Über viele Jahrhunderte war Fehmarn Zankapfel holsteinischer Grafen und dänischer Könige. Erst im 19. Jh. klärten sich die Machtverhältnisse zugunsten der Deutschen.

Bereits in einer ersten Erwähnung Fehmarns, 1075 in der Hamburgischen Kirchengeschichte, wird die Fruchtbarkeit dieser Insel erwähnt. Noch heute ist Fehmarn bäuerlich geprägt. Im Mühlenmuseum Lemkenhafen wird das Fehmarnsche Landleben dokumentiert. Die Segelwindmühle Jachen Flünk, 1787 vom Kornhändler und Schiffsreeder Joachim Rahlff erbaut, ist

Die Segelwindmühle von Lemkenhafen, 1787 erbaut und erst 1954 stillgelegt, ist eine der wenigen noch erhaltenen funktionstüchtigen Mühlen ihrer Art. Sie ist inzwischen ein Museum.

eine der wenigen noch funktionstüchtigen ihrer Art. Bis 1954 wurden hier Gerste und Weizen zu Grütze und Graupen vermahlen und in die nordischen Länder ausgeführt. Auch in Katharinenhof, einem der schönsten Flecken im Osten der Insel, versteckt sich hinter hohen Lingusterhecken ein Museum, das mit fast 500 Jahre alter Räucherkate, Backhaus, historischer Schmiede und allerlei landwirtschaftlichem Gerät die Erinnerung an das Leben der Bauern auf Fehmarn lebendig hält. Landwirtschaft bestimmt noch heute das Bild der Insel, das auch der deutsche Expressionist Ernst Ludwig Kirchner (1880–1938), einer der bedeutendsten Maler des 20. Jh., liebte. Ein „irdisches Paradies mit wundervoller Küstenbildung, manchmal von Südseereichtum ..." nannte er Fehmarn.

Der kleine Leuchtturm Strukkamp-huk, westlich neben der Fehmarn-sundbrücke, ist nur zu Fuß erreichbar. Mit seiner Halogen-glühlampe ist er Richtfeuer für die Fahrwasser durch den Fehmarnsund.

„Wi fört na Europa" – Auf nach Europa

Wiesen blühen, rapsgelb und weizenblond leuchten die Felder auf dem im Westen platten und im Osten leicht hügeligen Kernland der Insel. Auf den fruchtbaren Böden gedeihen auch Mais und vereinzelt Kohl und Gerste. Dazwischen liegen weit verstreut Fehmarns 42 Dörfer mit ihren Bauernhöfen und Kirchen. Weithin sichtbar mit ihrem 64 m hohen Turm ist die St.-Johannis-Kirche von Petersdorf, „Tagesmarke" in Belt und Sund. Kleiner ist die um 1230 erbaute dreischiffige Hallenkirche St.-Petri von Landkirchen im Zentrum der Insel. Landstraßen umrunden die Felder und führen so selten auf direktem Weg von Ort zu Ort. Entschleunigung auf allen Wegen. Fehmarn scheint in seiner Unaufgeregtheit aus der Zeit gefallen zu

Ländlich, farbenfroh und sehr geruhsam – auf Fehmarn scheint die Zeit stehen geblieben zu sein.

Eine Vision wird wahr: die Vogelfluglinie

Fehmarn ist vom schleswig-holsteinischen Festland durch den 1,3 km breiten Fehmarnsund und von der nächstgelegenen dänischen Insel Lolland durch den 20 km breiten Fehmarnbelt getrennt. Zwei der bedeutendsten europäischen Zugvogellinien von Wasser- und Landvögeln kreuzen sich in diesem Gebiet. Als „Luftkreuz des Nordens" ist Fehmarn begehrter Rastplatz für die im Frühjahr und Herbst zwischen Brut- und Überwinterungsgebieten ziehenden Vögel. Der Menschentraum, wie die Vögel, die von Ostholstein über den Fehmarnsund, über die Insel und den Fehmarnbelt nach Skandinavien ziehen, das Festland auf kürzestem Wege erreichen zu können, ist alt. Bereits im Jahr 1863 hatte der deutsche Zivilingenieur und Landvermesser Gustav Kröhnke Pläne für eine Eisenbahnverbindung zwischen Hamburg und Kopenhagen entwickelt, die sich an der Reiseroute der Vögel orientierte. Doch der Deutsch-Dänische Krieg von 1864 vereitelte die Verwirklichung dieser Vision. 1910 wurde der Begriff „Vogelfluglinie" für eine weitere geplante, doch nie ausgeführte Eisenbahnverbindung von Hamburg über Fehmarn, Rødby auf Lolland nach Kopenhagen verwendet. 1941 folgte dem ersten Spatenstich für den Bau einer festen Verbindung zwischen dem Festland und der Insel Fehmarn nur die Errichtung einiger Viadukte.

Schnelle Fährverbindung

Doch seit rund 50 Jahren folgen die menschlichen Verkehrsströme nun den Vogelzugwegen. Ende der 1950er-Jahre wurde der Ausbau der Europastraße 47 zur größten Baustelle Schleswig-Holsteins. Für einen schnellen internationalen Straßen- und Eisenbahnverkehr zwischen Mitteleuropa und Skandinavien entstanden eine 18 km lange eingleisige Bahnstrecke von Großenbrode bis Puttgarden, die Bundesstraße 207 von Heiligenhafen nach Puttgarden, der Fährbahnhof und der Fährhafen Puttgarden. Seit dem 30. April 1963 rollt der Auto- und Eisenbahnverkehr über die 963 m lange Fehmarnsundbrücke. Zwei Fahrspuren und ein Fußgängerweg teilen sich mit der Bahnstrecke die Brücke, die für die Schifffahrt eine Durchfahrtshöhe von 23 m über dem normalen Wasserstand bietet.

Seit 1999 steht die bis zu 45 m hohe Stahlkonstruktion unter Denkmalschutz. Sie ist längst zum Wahrzeichen der Insel geworden.

Am 14. Mai 1963 weihte die dänische Fähre *Kong Frederik IX.* den Fährhafen Puttgarden und die Route Puttgarden-Rødby ein. Bereits 25 Jahre später passierte der 100-millionste Fahrgast den Belt.

Zwei Stunden weniger

Die Überfahrt dauert 45 Minuten. Insgesamt bedeutet das eine um 2 Stunden verkürzte Reisezeit zwischen Hamburg und Kopenhagen. Puttgarden ist nun das Tor zum Norden. Von der Fußgängerbrücke aus kann man beob-

achten, wie Eisenbahnzüge, Last-
wagen, Autos und jeweils bis zu 1000
Menschen im Bauch der 142 m langen
Fähren *Schleswig-Holstein*, *Deutschland*, *Prinsesse Benedikte* und *Prins
Richard* verschwinden, die im 30-Minu-
ten-Abfahrttakt den Belt queren. Einen
guten Ausblick gewährt auch die Mole,
die 800 m weit hinaus in das Meer ragt
und aus Steinen gebaut wurde, die die
Fehmarner Steinfischer einst aus der
Ostsee geholt haben.

Zukunftspläne

Die Bedeutung Puttgardens als Binde-
glied zwischen Insel und Festland
dürfte jedoch Vergangenheit sein,
wenn, wie geplant, in Zukunft eine
feste Fehmarnbeltquerung gebaut
wird. 2008 unterzeichneten Deutschland und Dänemark nach langen De-
batten den Staatsvertrag für den Bau
der neuen Verbindung, die insgesamt
rund 5,6 Milliarden Euro kosten soll.
Sie gilt als eines der größten europäischen Infrastrukturprojekte, gegen das

nach Auffassung des „Aktionsbündnis-
ses gegen eine feste Fehmarnbelt-Que-
rung" zahlreiche verkehrspolitische,
ökonomische und ökologische Gründe
sprechen. Naturschützer befürchten
u. a., dass eine Brücke ein gefährliches
Hindernis für Millionen von Zugvögeln
sein könnte. 2011 votierte das dänische Parlament für den Bau eines
18 km langen Senktunnels zwischen
Lolland und der Insel Fehmarn.

Die Fähren der deutsch-dänischen
Reederei Scandlines verbinden auf
der Vogelfluglinie Fehmarn mit den
ostdänischen Inseln. Das internationale Gemeinschaftsunternehmen hat
seinen Firmensitz in Rostock.

Bild im Hintergrund:
Für die Fehmarnsundbrücke, das
Kernstück der verkehrsreichen Vogelfluglinie, wurden unter anderem
9200 t Stahl und für die sieben Pfeiler
22 150 m³ Beton verbaut.

sein. Bis zur Anbindung an das Festland nannten die Insulaner Fehmarn auch den sechsten Kontinent und alles, was jenseits des Fehmarnsunds liegt, heißt auch noch heute schlicht Europa.

Der langgezogene, flache Natursandstrand von Flügge ist mit seinen Flachwasserzonen ideal für Familien mit Kindern (oben). In Strukkamp sind schon gute Schwimmer gefragt, hier weht zudem ein günstiger Wind für Kitesurfer (unten).

Badeleben seit bald 100 Jahren

Seit im Sommer 1875 die Aktiengesellschaft Ostseebad Fehmarn gegründet wurde, hat sich Fehmarn zu einer Ferieninsel entwickelt. Der Badebetrieb begann mit einem Badefloß und zehn Kabinen in der Nähe des kleinen Hafens Burgstaaken. Heute wirbt die Insel mit gesundem, mildem Reizklima und rund 2200 Sonnenstunden im Jahr. Damit zählt Fehmarn zu den sonnenreichsten Regionen Deutschlands und nennt sich selbst gerne „Hawaii der Ostsee". Auf ihrer Inselfahne stilisiert sich die Insel zur „Krone im blauen Meer".

Strände gibt es in großer Zahl, von sandig bis feinkieselig, von belebt bis einsam …

Die überwiegende Zahl der Feriengäste tummelt sich ganz in der Nähe dieser historischen Badestätte, am Südstrand von Burgtiefe. Hier, am hellen Sandstrand eines etwa 2 km langen Nehrungshakens, tobt im Sommer das quietschvergnügte Badeleben. Fehmarn ist von einem über 78 km langen Küstenstreifen umgeben, mitunter recht schmal und wildromantisch. Der Strand unterhalb der Steilküste ist im Osten steinig. An der Nordküste ist er eine Dünenlandschaft, dort weht den Surfern ein feiner Wind. Entsprechend viele Sportler sieht man an windgünstigen Tagen.

Der Südstrand ist Fehmarns Riviera. Wer nicht in der Sonne liegt, flaniert über die Strandpromenade zum Jachthafen. Inmitten dieser Ferienwelt stehen die Reste der einst stolzen Burg Glambeck. 1210 wurde sie für den dänischen Amtsverwalter erbaut, der den Schiffsverkehr und das Eintreiben von Abgaben zu überwachen hatte, im 15. Jh. wussten auch Piraten den guten Ausguck auf den Fehmarnsund zu schätzen. Im Dreißigjährigen Krieg zerstört, verfiel die Burg. Erst 1908 fand man bei Ausgrabungen Fundamente und Mauerreste.

Inselmetropole Burg

„Min Fehmarn, wat drömst du in sinnig Roh! Un wanner ik rüm hier allen, denn gröt ik ut'n Harten Di übbertö: Wat büst Du lütt Insel doch schön!" (Mein Fehmarn, was träumst Du in nachdenklicher Ruh! Und wandere ich hier allein herum, dann grüße ich Dich aus vollem Herzen immerzu: Was bist Du kleine Insel doch schön!")
Dem so die Liebe zu seiner Heimat aus der Feder floss, war der ehemalige Bauer, Heimatforscher, Schriftsteller und langjährige Museumsleiter Peter Wiepert (1890–1980). In den 23 Räumen des heute nach ihm benannten Heimatmuseums im Pastoren-Witwen-Haus von 1581, dem ältesten Haus der Insel, kann man Exponate vornehmlich zu den Themen Regionalgeschichte, Geologie, Handwerk, Gilden, Seefahrt und Jagd besichtigen. Darunter auch sogenannte Monarchen-Zinken, die Peter Wiepert einst zusammengetragen und entschlüsselt hat. Monarchen hießen die Erntehelfer, die sich im 19. und Anfang des 20. Jh. zur Erntezeit bei den Inselbauern verdingten. Mit den Zinken, Zeichen aus Stroh und Gräsern, die sie an Bäumen, Türen und Zäunen anbrachten, entwickelten die Monarchen ein eigenwilliges Kommunikationssystem und tauschten so ihre Erfahrungen in den jeweiligen Höfen aus.

Wasservogelreservat Wallnau

Wo noch vor 400 Jahren eine Bucht der Ostsee lag, befindet sich heute das 297 ha große Naturschutzgebiet Wasservogelreservat Wallnau. Vom Nordosten der Insel abgetragenes Material landete an der Westküste Fehmarns wieder an und bildete einen Nehrungshaken. Fast 80 Vogelarten brüten in dieser Feuchtwiesenlandschaft. Für eine landwirtschaftliche Nutzung war das Gelände ungeeignet, so wurde 1975 auf dem Gelände eines ehemaligen Teichgutes das Naturschutzgebiet gegründet, in dessen Zentrum der NABU über das Phänomen des Vogelzuges informiert. Auf Führungen kann man über das Jahr bis zu 270 unterschiedliche Vogelarten (u. a. den hier auffliegenden Reiher) in ihrem natürlichen Lebensraum beobachten.

Burg ist der zentrale Stadtteil der Stadtgemeinde Fehmarn. Gleich neben dem Museum streckt die gotische Kirche ihr Dach in den Himmel. Sie steht unter dem Patronat des heiligen Nikolaus, dem Schutzherrn der Seefahrer und Getreidehändler. In der Stadtbücherei werden Reproduktionen und Fotografien aus der Fehmarn-Zeit Ernst Ludwig Kirchners gezeigt. Insgesamt sieben Monate weilte Kirchner auf Fehmarn, in denen er 120 Gemälde schuf. Zudem gibt es in Burg ein Meereszentrum, dessen Hauptattraktion zweifellos der 10 m lange Unterwasser-Glastunnel ist.

Von den etwa 13 000 Inselbewohnern leben rund die Hälfte in Burg. In der Hochsaison füllt sich das Städtchen mit unternehmungslustigen Touristen. Mit Cafés, Restaurants und vielen Geschäften bietet sich die hübsche Kleinstadt für einen gemütlichen Einkaufsbummel an. Das holprige Kopfsteinpflaster gibt Burg ein romantisches Flair. Katzenkopfbuckelig ist auch der Staakensweg nach Burgstaaken.

Einst lagen die Pflastersteine auf dem Meeresgrund. Seit Anfang des 19. Jh. gab es auf Fehmarn eine ganz besondere Angeltradition: das Stein-

Der Fischerei- und Handelshafen von Burg liegt im Burger Binnensee, denn die Stadt ist vom Meer durch eine Art Haff getrennt (oben rechts).

Zum ersten Mal wurde Burg in einer Aufzeichnung des Dänenkönigs Waldemar II. aus dem 13. Jh. erwähnt. Typisch für den Ort sind die liebevoll begrünten roten Backsteinhäuschen, die an dänischen Baustil erinnern (oben).

fischen. Mit Flachbooten und Flößen näherte man sich dem losen Gestein. Zunächst nahm man nur solche Steine auf, die ein einzelner Mann auch an Bord hieven konnte. Als die seichten Steingründe abgefischt waren, wurde daraus ein gefährlicher „Angelsport", weil immer mehr Steine als Baumaterial gebraucht wurden. Für den Ausbau des Burgstaakener Hafens stieg man ins tiefere Wasser und holte die harten Brocken mithilfe eines Seils heraus. Später fischte man mit Stock und Zange. Im 20. Jh. wurden Taucher, Kräne und motorisierte Seilwinden eingesetzt. Bezahlt wurde nach Gewicht. Steinklopfer bearbeiteten die Steine oftmals gleich vor Ort. Noch bis 1974 wurden in Burgstaaken jährlich zwischen 30 000 t und 40 000 t Steine angelandet. Diese fanden u. a. in den Hafenmolen von Rødby, Kopenhagen, Cuxhaven und Kiel Verwendung. Heute ist der Hafen von Burgstaaken eine lebendige maritime Flaniermeile. Noch immer bieten hier die Fischer ihren Fang direkt vom Kutter aus an. Fischkutter laden zu Hafenrundfahrten und Hochseeangeltouren ein. Fisch gibt es in vielen Restaurants. Und noch immer wird Fehmarns Getreide hier umgeschlagen. Die beiden weißen Silos im Erlebnishafen sind nicht schön, aber mit 40 m ordentlich hoch und dienen deshalb auch als künstliche Kletteranlage.

Ein prominenter Leuchtturmbewohner

Fünf Leuchttürme gibt es auf Fehmarn. Das 1872 bei Strukkamp im Süden der Insel eingerichtete Leuchtfeuer grüßt den Reisenden schon bei der Überfahrt über die Fehmarnsundbrücke. Es ist das kleinste seiner Art und spielt doch eine wichtige Rolle für die Schifffahrt. Im Nordosten der Insel steht der Leuchtturm, der am 28. Oktober 1832 von der dänischen Königin Marie Sophie Frederikke eingeweiht und ihr zu Ehren „Marienleuchte" genannt wurde. 1964 wurde nördlich des alten Turmes ein schlanker 33 m hoher

Stahlbeton-Leuchtturm errichtet. Beim Leuchtturmwärter von Staberhuk, an der südöstlichen Spitze Fehmarns, quartierte sich 1908 der Maler Ernst Ludwig Kirchner ein. Leuchtturmwärter Lüthmann „achtete das disziplinierte Leben des Künstlers. Kirchner stand frühmorgens zwischen fünf und sechs Uhr auf, wusch sich am Brunnen neben dem Haus und zog dann los, um zu arbeiten. Bis ins 10 km entfernte Burg lief er und in die umliegenden Dörfer Staberdorf, Meeschendorf und Vitzdorf, meist jedoch arbeitete er an der nahe gelegenen Küste oder schnitzte an seinen Skulpturen", weiß der Ernst Ludwig Kirchner Verein Fehmarn zu berichten, auf dessen Antrag das Leuchtturmgelände am Staberhuk unter Landschaftsschutz gestellt wurde. Der Leuchtturm Westermarkelsdorf wurde an der Nordwestecke der Insel, gleich hinter dem Deich, errichtet und weist der Schifffahrt den Weg in den Fehmarnbelt.

Der 1914/15 erbaute Flügger Leuchtturm, mit 37 m der höchste und der einzige begehbare Leuchtturm Fehmarns, liegt im Naturschutzgebiet Krummsteert. Eine wahrhaft ruhige Lage. Im September 1970 aber erzitterte ganz in der Nähe die Luft unter den Klängen des Love-and-Peace-Festivals und der Begeisterung von insgesamt etwa 25 000 Hippies aus ganz Europa. Ein Jahr nach Woodstock pilgerte auf die Wiese am Flügger Strand alles, was in der Musik-Szene Rang und Namen hatte, allen voran Jimi Hendrix. Ein solches Musikspektakel hatte es in der Bundesrepublik zuvor noch nicht gegeben. Trotz Sturm, Regen und Matsch. Es sollte der letzte Open-Air-Auftritt des Gitarrengottes werden. Heutzutage schmückt sich Fehmarn mit einem Jimi-Hendrix-Gedenkstein, ein 2,5 m hoher und 6,5 t schwerer Findling, auf dem eine E-Gitarre eingemeißelt wurde.

Erst seit 2010 zeigt sich der restaurierte Flügger Leuchtturm wieder in seinem originalen gelben Backsteinkleid. Mit seinem Festfeuer markiert er das Fahrwasser für die Schiffe, die Fehmarnsundbrücke von Süd-Osten her ansteuern.

Hansestadt Wismar – Backsteinpracht mit überragender Kirche

Gemeinsam mit der historischen Altstadt Stralsunds wurde die Hafenstadt Wismar, eine der schönsten Städte an der Ostseeküste, von der UNESCO zum Weltkulturerbe gekürt.

300 Baudenkmäler stehen in der 76 ha großen Altstadt Wismars, die damit eine der größten erhaltenen historischen Stadtkerne Europas besitzt. Viele dieser Häuser stehen schmalbrüstig in gotischer Erhabenheit, manche noch in der Backsteinpracht der Hansezeit, viele sind geprägt vom Stil des Barock, des Klassizismus oder der Neogotik und einige wenige von der Renaissance. Die steinernen Zeitzeugen Wismars spiegeln Weltgeist und Provinzialität, den Wechsel von Wohlstand und Machtzerfall, von Verelendung und erneutem Aufstieg. Vor allem aber repräsentiert Wismar mit seinen drei Kirchen idealtypisch die Hansestadt aus der Blütezeit des 14. Jh., eine perfekte Vedute, „wie hingemalt von den Fingern eines Träumenden am Horizont", schrieb die Schriftstellerin Ricarda Huch in ihrem Werk *Im alten Reich*. Der mittelalterliche Straßenverlauf ist nahezu unversehrt, ebenso das alte Hafenbecken, das in seltener Authentizität erhaltene „Rückgrat" einer Seehandelsstadt. Der nie versandende Hafen an der gezeitenlosen Bucht hat schon vor der Stadtgründung im Jahr 1229 die Seefahrer angezogen. Heute ziehen Touristen durch die Hafenkneipen und trinken im Brauhaus am Lohberg hausgebrautes Bier. Das hat Tradition in dieser Stadt, die schon zur Hansezeit mit der „Mumme", dem in ganz Nordeuropa geschätzten Starkbier, sogar Lübeck Konkurrenz machen konnte. Damals wurde in 180 Braustätten das hochprozentige Dunkle hergestellt und vom Alten Hafen aus bis nach Holland, Flandern, England, Portugal und in die skandinavischen Länder exportiert.

Die Schwedenköpfe sind ein Wahrzeichen der Hansestadt Wismar. Die beiden Köpfe auf den Druckdalben in der Hafeneinfahrt sind Repliken, ein Original befindet sich im Besitz des Stadtgeschichtlichen Museums.

Erinnerungen an die Schwedenherrschaft

Möwen kreischen, es riecht nach Seewasser und Fisch. Der Grundriss der Stadt Wismar ist wie das Leben der meisten Wismarer zum Meer hin ausgerichtet. Geschlossene Baufluchten beherrschen das Straßenbild, so wie es einst das lübische Baurecht vorschrieb. An die von 1648 bis 1903 dauernde Zugehörigkeit zu Schweden erinnern die bunten Schwedenköpfe vor dem barocken Baumhaus am Alten Hafen (die Stadt war ab 1803 für 99 Jahre an das Herzogtum Mecklenburg-Schwerin verpfändet gewesen und damit formal noch schwedisch. 1903 dann verzichteten die Schweden auf Einlö-

sung des Pfandes). Hier saßen die Bohmschlüter und verriegelten bei Gefahr mit einem Langholz (eben einem Baum) die Hafenzufahrt. Ein weiterer schnauzbärtiger, hölzerner Manneskopf ziert den Alten Schweden, eines der ältesten Bürgerhäuser am Marktplatz. Das 1817/19 vom Ludwigsluster Hof- und Landbaumeister erbaute Rathaus in den Abmessungen des gotischen Vorgängerbaus beherrscht den 10 000 km² großen Platz. Die gotische Gerichtslaube ist heute Ausstellungsraum von musealem Wert. Stolz bezeichnet die Stadt den 53 m langen, kreuzrippengewölbten Keller mit mittelalterlichen Freskenfragmenten, Brunnen und Schwindgrube als eine der großartigsten Kelleranlagen im norddeutschen Raum.

Wismars Altstadt ist gut zu Fuß zu erkunden. Nur wenige Schritte westlich des Marktplatzes überragt der 81 m hohe Turm der Marienkirche die Stadt. Bomben trafen im April 1945 das Kirchenschiff. „Fort mit dem Schutt der Vergangenheit", forderte später der SED-Staat und sprengte das Schiff des ältesten Gotteshauses Wismars, das weitaus weniger versehrt war als ihr wiedererrichtetes gleichnamiges Vorbild in Lübeck. Der Gotische Winkel wurde geschleift. Mit in die Luft flogen die gotische Alte Schule und die Kapelle Maria zur Weiden. Übrig blieb ein toter Winkel der Geschichtsvergessenheit und eben der quadratische Turm. Die neue Kirche am Rand des Platzes wurde 1951/52 aus dem Baumaterial der zum Steinbruch freigegebenen Marienkirche erbaut.

Das Schiff der im Zweiten Weltkrieg beschädigten Marienkirche wurde unter dem DDR-Regime gesprengt.

Vieles, was in Wismar gebaut wurde, ist materialisierter Bürgerstolz und wie die drei Kirchen eigentlich viel zu groß für Stadtsäckel und Kirchengemeinde. Manchmal auch für das Weltbild der jeweils Herrschenden, die zu DDR-Zeiten gerne auch die naheliegende St. Georgenkirche völlig zerstört hätten, die selbst noch kriegsversehrt einem mächtigen Schlachtschiff glich

Die wieder aufgebaute gotische Georgenkirche mit ihrem mächtigen Querhaus komplettiert seit 2010 das Stadtbild (oben).

Nirgendwo schöner entfaltet Wismar sein Panorama mit Marienkirchturm und Georgenkirche als vom Alten Hafen aus. Auf der stadtauswärts gelegenen Seite des Hafens liegen die Boote der Fischer, stadteinwärts die Jachten und Ausflugsschiffe (rechts).

und in der gotischen Dreieinigkeit mit dem Marienkirchturm und der Nikolaikirche herausfordernd hanseatisches Selbstbewusstsein demonstrierte. „Wismars drei große Backsteinkirchen – die Ratskirche St. Marien, die Kirche der Schiffer und Fischer St. Nikolai und eben St. Georgen, das Gotteshaus der Landesherren und der Handwerker – waren der ganze Stolz der in der Erbauungszeit etwa 8000 Bürger", rekapituliert die Zeitschrift der Deutschen Stiftung Denkmalschutz. Die Rettung der Georgenkirche, der heutige Bau stammt aus dem 15. Jh., vom etwas jüngeren Vorgängerbau ist noch der Chor erhalten, war für zwei Jahrzehnte eines ihrer größten Projekte. St. Georgen ist wieder auferstanden. Der Wiederaufbau von einst Deutschlands größter Kirchenruine wurde seit 1990 mithilfe der Deutschen Stiftung Denkmalschutz für rund 40 Mio. Euro bewerkstelligt. Am 8. Mai 2010 – 65 Jahre nach der Kriegszerstörung und 20 Jahre, nachdem ein Sturm den Giebel des nördlichen Querhauses auf zwei benachbarte Häuser niederbrechen ließ – konnte die Wiederbelebung des steinernen Riesen gefeiert werden. Heute dient St. Georgen sowohl als Gotteshaus als auch für Ausstellungen, Empfänge, Konzerte und Lesungen.

In der Fensterlaibung im nördlichen Seitenschiff ist noch zu erkennen, dass hier von 1516 bis ins 18. Jh. ein Gang zum gegenüberliegenden Fürstenhof führte. Dieser verbreitet über 40 m mit lombardischer Palastarchitektur eine für den Norden ungewohnte Pracht. Das Alte Haus, ein gotischer Bau, wurde für die Hochzeit Herzog Heinrichs V. mit Helene von der Pfalz erbaut und mit Sterngewölben versehen. Der kunstsinnige Johann Albrecht I. ließ 1553/56 für seine Hochzeit mit einer preußischen Prinzessin den ersten italienisch inspirierten Renaissancebau der Stadt erbauen, das sogenannte Neue Haus. Vorbild war der Palazzo Roverela des Herzogs von Ferrara. Später schlossen die Schweden die Lücke zwischen Altem und Neuem Haus mit einem barocken Neubau.

Abglanz hanseatischer Tüchtigkeit

Der schon im 13. Jh. angelegte künstliche Wasserlauf, die Frische Grube, dessen Wasser aus dem 20 km entfernten Schweriner See durch Wismar in die Ostsee fließt, begleitet den Weg durch die Stadt. Die Grube gilt als der letzte erhaltene mittelalterliche Wasserlauf in Norddeutschland. Dort, wo die Schweinsbrücke über die schmale Gracht führt, wohnte einst der Ratsherr und Braumeister Hinrich Schabbell in einem der schönsten Bürgerhäuser Wismars. Das Schabbellhaus, ein frühes Beispiel niederländischer Renaissance, wurde von Philipp Brandin erbaut, der auch die Wasserkunst auf dem Marktplatz schuf. Abglanz hanseatischer Tüchtigkeit spiegelt sich aber auch noch später in Einzelschicksalen Wismarer Bewohner. Noch bevor Wismars Wirtschaft durch den Anschluss an den Norddeutschen Bund 1867 und die Einführung der Gewerbefreiheit den rechten Aufschwung bekam, lebte beispielsweise Dethloff Carl Hinstorff die mecklenburgische Variante des Tellerwäscher-Millionärs: vom Webersohn zum ersten Verleger Mecklenburgs. Zunächst war er Lehrling in der Schmidt-und-von Cosselschen Ratsbuchhandlung am Markt; er war erst zwanzig, als er den Entschluss fasste, ein eigenes Geschäft zu gründen, eine Buchhandlung in Parchim – aus der sich ein Verlag entwickelte, der sich in Wismar niederließ. Den Hirnstorff Verlag gibt es immer noch: Er wurde, nachdem er in der DDR ein Volkseigener Betrieb (VEB) war, 1990 als GmbH wieder gegründet.

Ein paar Straßen weiter, in der Krämerstraße/Ecke Lübsche Straße, beschloss 1881 Rudolph Karstadt ein erstes „Tuch-, Manufaktur und Confectionsgeschäft" zu eröffnen. Das Wismarer Kaufhaus in seiner kühlen Stahlskelettarchitektur wurde das Stammhaus des sich bald über Deutschland ausbreitenden Handelsimperiums. Und hätte Wismar nicht den Schuhmacher Wilhelm Voigt, Hauptmann von Köpenick in spe, ausgewiesen, wäre gewiss auch etwas Ordentliches aus ihm geworden, nur hätte die Welt weniger zu lachen gehabt.

Mit dem Wasser der Frischen Grube wurden zwei Mühlräder betrieben, außerdem diente es als Löschwasser.

Poel – die fruchtbare Insel in der Wismarer Bucht

Püle, Pule, Poele, Poel – was sich wie ein Abzählreim anhört, sind die Namen dieser mecklenburgischen Insel. Das stille Ferienparadies ist heute noch Bauernland.

Weniger Poeler als früher leben auf der alten Bauerninsel von der Landwirtschaft. Wenn auch ein Großteil der Fläche weiterhin bewirtschaftet wird, ist die Haupteinnahmequelle heute der Tourismus.

„Poel ist im deutschen Vaterland fast ganz und gar noch unbekannt", schrieb vor etwa 100 Jahren ein Gast. Viel hat sich daran bis heute nicht geändert. Die knapp 15 km dorthin scheinen endlos. Durch Wismar hindurch, über Bahnschienen und Holperpflaster. Die Häuser werden kleiner und jünger, die Gärten größer, die Reisenden immer unruhiger. Dann, bevor man ganz sicher ist, sich verfahren zu haben, bewirken zwei sanftblaue Wasserflächen rechts und links der Straße ein flüchtiges Inselgefühl. Ackerflächen und grüne Weide prägen die Landschaft. Dazwischen blinken Sölle, kleine eiszeitliche Wasserlöcher.

Mit 37 km² ist Poel fast so groß wie die Nordseeinsel Borkum, auch hier ist das entfernteste Gehöft noch gut zu erwandern. Das nur stellenweise sanft gewellte Eiland ist mit seinen vielen Wegen querfeldein und entlang der Küste auch ideales Radrevier. Vom nur 27 m hohen Kieckelberg kann man über das ganze Land schauen. Der Wald wurde schon vor Jahrhunderten gefällt, nur vereinzelt stehen heute Baumgruppen.

Der Damm hinüber zum Eiland ist kurz, der Breitling genannte Meeresarm schmal. Den irrtümlich gewonnenen Eindruck, dass Poel eine Halbinsel sei, sollte man lieber ebenso verschweigen wie das blumige Klischee vom „Vorgarten Wismars", denn auf nichts ist der Poeler stolzer als auf die Tatsache, eben ein Poeler zu sein. Früher, so heißt es, hätte er seine insulare Sonderstellung jedem Fremden handgreiflich eingebleut. Frühestens nach 30 Jahren ständiger Anwesenheit auf dieser Insel könnte man auch einer von ihnen sein – vielleicht. Dieses Gemeinschaftsgefühl hat bauernschlauen Hintersinn: Seit dem Dreißigjährigen Krieg war es auf Poel verpönt, mit einem Menschen „ut Dütschland" zu tanzen oder ihn gar zu ehelichen. Sie waren ein eigens Völkchen, diese Poeler, die sich „durch Rechtsform und Sitte, in Sprache und Kleidung …", wie eine mecklenburgische Zeitschrift bereits 1788 schrieb, von den Festlandbewohnern unterschieden. In der Schwedenzeit wurde aus der geografischen Insellage auch eine politische, aus der heute noch die Poeler einen Teil ihres Selbstbewusstseins ziehen. Während auf dem Festland immer mehr Menschen in Leibeigenschaft gerieten, heirateten sich auf Poel freie Bauern ihre Höfe groß und ließen sich auch von den Schweden nicht mehr das Privileg nehmen, freie Erbpächter zu sein. Im Austausch mit der Insel Priwall wieder nach Deutschland zurückgekehrt, prozessierten sie 70 Jahre lang und letztlich erfolgreich gegen den Versuch, in ihren Dörfern mecklenburgische, durch Bauernlegen (also durch Enteignung oder den Einzug von Bauernhöfen) geprägte Verhältnisse einzuführen. So wurden auf Poel 1945 nicht wenige Güter, sondern 19 Bauernhöfe

Das bewaldete Steilufer bei Timmendorf ist mit etwa 8 m der höchste Uferabschnitt von Poel. Fast die ganze Nord- und Westseite der Insel fällt ohne vorgelagerten Strand zum Meer hin ab.

Die Poeler sind stolz auf ihre Unabhängigkeit, auf ihr historisch gewachsenes Gemeinschaftsgefühl.

zu 290 Kleinbetrieben aufgesiedelt. Ab 1954 bewirtschaftete das volkseigene Gut Insel Poel (VEG) die gesamte Ackerfläche der Insel. Die auf Poel gezüchteten Rapssorten deckten den größten Teil des Saatgutbedarfs der DDR

Ferieninsel mit bäuerlichem Charme

Heutezutage ist Poel, eine der fruchtbarsten Inseln an der deutschen Ostseeküste, zwar eine Ferieninsel, aber mit unverkennbar ländlichem Charakter. 2056 von insgesamt 3700 ha werden landwirtschaftlich genutzt. Tourismus und Landwirtschaft existieren gut neben- und miteinander.

Der berühmte Staudenzüchter und Philosoph Karl Förster konnte nie verstehen, dass sich sein Kollege Hans Lembke auf Poel vornehmlich mit Raps, Kartoffeln und Getreide umgab. Dem späteren Ehrendoktor der Philosophie war es schon „als Lehrling ein Genuss, schöne Ähren durch seine Finger gleiten zu lassen und mit Bewunderung zu betrachten, bis er dann in die praktische Pflanzenzüchtung beinahe hineingeträumt ist." Malchow, die Wirkungsstätte des weltberühmten Altmeisters der Pflanzenzüchtung, liegt in der

Poel ist einer der wichtigsten Standorte der Saat- und Pflanzenzucht für Nutzpflanzen.

stillen Boddenlandschaft im Westteil der Insel. Hans Lembke, dessen Familie seit dem 14. Jh. auf Poel ansässig ist, wurde auf dem Malchower Hof 1877 geboren. Schon als Kind soll er erste züchterische Versuche mit Rapspflanzen unternommen haben. Bei seiner damaligen Methode der praktischen Züchtung durch Beobachtung ist er ein Leben lang geblieben.

Aus einer alten Poeler Landsorte von Winterraps entwickelte er 1911 „Lembkes Malchower Winterraps", der bis in die 1940er-Jahre die führende Sorte blieb. Aus der früher nur wenig beachteten Pflanze wird heute aufgrund Lembkescher Vorarbeiten hochwertiges Speiseöl produziert. Doch auch für Züchtungserfolge bei Rüben, Rotklee und Weidelgras wurde Lembke international bekannt. Er holte Lorbeerpflanzen in den Norden, die früher nur im Sachsenland geerntet wurden, wo traditionell das Zentrum der Pflanzenzüchtung lag. 1945 wurden die zahlreichen Züchtungsbetriebe auf dem Gebiet der sowjetischen Besatzungszone entschädigungslos enteignet; auch der Lembkesche Hof. Während eine ganze Züchtergeneration in den Westen ging, wurde Lembke von der Sowjetischen Militäradministration gebeten, die Leitung des nun staatlichen Saatzuchtgutes zu übernehmen. Damit bewahrte Lembke als Poeler, der an seiner Scholle hängt, und als Züchter, der an seine Forschung denkt, ein Stück Poeler Kulturgeschichte. Für den Sohn Hans-Georg Lembke gab es dann keinen Platz mehr in Malchow. Im illegalen Austausch mit seinem

Auch Poel hat seine Allee: Fast schnurgerade zieht sich das von Birken gesäumte Sträßchen durch die Felder bei Kirchdorf.

Vater begann er in Hohenlieth bei Eckernförde eine eigene Pflanzenzucht-
station aufzubauen. 1992 kauften die Enkel des Saatzuchtbetriebsgründers
den weltweit bekannten Stammbetrieb in Malchow zurück.

Eine Insel mit 15 Orten

Etwa 2700 Inselbewohner leben heute auf 15 Orte verteilt. Der Kirchturm,
der schon bald hinter Fährdorf, dem ältesten Ort der Insel auftaucht, steht in
Kirchdorf. Der Hauptort der Insel liegt am tiefsten Einschnitt des Boddens
und hat im Laufe der Zeit mit backsteinroten Häusern, Flachbauten und
Neubaublocks den Charakter einer Siedlung bekommen. Doch schmücken
ihn der kleine bunte Hafen, die Grashügel der alten Festungsanlage, mitten-
drin die Kirche und das Museum in der ehemaligen Dorfschule. Damit kann
Kirchdorf auch Anspruch erheben, kulturelles Zentrum der Insel zu sein.

Im Hafen legen die Ausflugsschiffe aus Wismar an, hier dümpeln Frei-
zeitsegler neben Fischkuttern. Von den einst hundert Fischern der Insel, die
zu DDR-Zeiten in der Fischereigenossenschaft (FPG) „V. Parteitag" vereint
waren, verdienen heute nur noch wenige mit Fischfang ihren Lebensunterhalt. In der kleinen Werft am Hafen, die einst für die Küstenfischer Boote
baute, wurde auch das Wikingerschiff hergestellt, mit dem Burghard Pieske
1991–92 auf den Spuren Leif Erikssons über den Nordatlantik nach Island,
Grönland und bis nach New York segelte, um praktisch nachzuweisen, dass

Vogelschutzinsel Langenwerder

Bei Gollwitz im Nordosten von Poel ist das Wasser so flach, dass man die 300 m bis zur Vogelinsel Langenwerder über die Findlinge im Bodden gehen könnte. Doch zumeist haben nur Ornithologen Zutritt zum ältesten Vogelschutzgebiet Mecklenburgs. Erst nach dem Ende der Brutzeit werden öffentliche, begleitete Führungen auf der Insel angeboten. 1910 gab es hier den ersten Vogelwart. Der „Meiwenkönig" (Möwenkönig) sprach mit den Vögeln und gab ihnen allen Namen wie Krushahn, Tülüht oder Klimperdüker. Seinen Wohnwagen stiftete ein Wismarer Zuckerfabrikant, wohl wissend, dass die natürlichen Feinde seiner Zuckerrüben Delikatessen für Möwen sind. Über 250 verschiedene Vogelarten brüten, rasten oder überwintern heute auf der kleinen Insel. Vor allem Sturm- und Lachmöwen, aber auch Küstenseeschwalben, Austernfischer, Sandregenpfeifer und Brandgänse trifft man hier. Da die Winter auf Poel relativ mild sind, friert das Meer selten zu. An die 100 000 Vögel überwintern auf Poel.

die Theorie der Entdeckung Amerikas durch die Wikinger stimmen könnte.

Das Leben der Poeler Fischer, ob als Krabbenfischer, Aalstecher oder Zeesenfischer, ist im Inselmuseum, im 1806 errichteten ersten Schulgebäude Poels, dokumentiert. In der Galerie des Inselmuseums werden Gemälde des Mecklenburger Künstlers Karl Christian Klasen gezeigt. „Sünd so krossige Dickköpp, disse Poeler Fischer, mannigmal ein beten to stur" (Sind fürchterliche Dickköpfe, diese Poeler Fischer, manchmal etwas zu stur), schrieb der Maler. 1911 in Güstrow geboren, wo ihn der Barlachfreund Friedrich Schult förderte, kam er 1933 auf die Insel und wurde allmählich durch seine „Fischerköpfe" bekannt.

Das Modell eines der Zeesenboote, mit denen auf Poel noch bis 1965 gefischt wurde, steht in der Kirche, deren Turm aus dem 13. Jh. das älteste Schifferzeichen der Insel ist. Die Hügel ringsum sind der harmlose Rest einer sternförmigen Festungsanlage, die aus dem 17. Jh. stammt. Der Emdener Baumeister Gerth Evert Piloot baute hier ein Schloss, dessen Überbleibsel der Hügel im Innern der Wälle birgt und aus dessen Gestein nach dem Dreißigjährigen Krieg, in dem die Insel zum Zankapfel zwischen kaiserlichen, dänischen und schwedischen Truppen wurde, manches Haus auf der Insel gebaut wurde. Nur die Trutzmauern blieben zurück und bilden heute die Einfassung für Poels Freilichtbühne, den Schlosswall.

1979 wurde eine Gedenkstätte für die Toten des Schiffes *Cap Arkona*, die in den ersten Jahren nach dem Zweiten Weltkrieg errichtet worden war, umgestaltet. Britische Jagdbomber hatten das Schiff für einen Truppentransporter gehalten und beschossen. Er geriet dadurch in Brand und neigte sich zur Seite, versank aber nicht. Die meisten der rund 7000 KZ-Insassen, die sich auf dem Schiff befunden hatten, ertranken an diesem schrecklichen 3. Mai 1945 oder wurden erschossen.

Besonders gute Seeluft

1994 nahm die heutige Ostseeklinik Poel ihren Betrieb auf. Damit setzte die Insel ein Zeichen für den medizinisch orientierten Fremdenverkehr. Zunächst standen Mutter-Kind-Kuren im Mittelpunkt. Wegen seines Heilklimas ist Poel seit 2005 zudem staatlich anerkannter Erholungsort. Der Poeler Luft wird heilsame Wirkung bei chronischer Bronchitis, Lungen-Asthma sowie bei allgemeiner Infektanfälligkeit nachgesagt.

Lebendiger Badebetrieb herrscht vor allem am Strand vom Schwarzen Busch und noch mehr an dem von Timmendorf. Steinlos und seit dem Bau der Findlingsmolle fast 50 m breit, hat er mit dem 1871 in Betrieb genommenen und 1931 auf seine heutige Höhe erweiterten Leuchtturm einen Hauch maritimer Romantik. Noch heute leitet er die Schiffe sicher in den Seehafen von Wismar.

Den 1995 ausgebauten Timmendorfer Hafen nutzen vor allem Sport- und Fischerboote. Am Südostufer der Insel Poel liegt das 136 ha große Naturschutzgebiet Fauler See/Rustwerder. Pferde weiden auf den Salzwiesen. Am Sandstrand brüten Sandregenpfeifer, in hohlen Bäumen die Gänsesäger. Auch den Seeadler kann man dort beobachten. Der nicht einmal einen halben Meter tiefe Faule See ist Schlafstätte für Schellenten und Singschwäne. Der Strand von Hinter Wangern ist unter anderem beliebt bei FKK-Anhängern und Surfern, die hier Wind und Wellen genießen. Der Rustwerder im Südteil dieses Gebietes ist ein 2 km langer, bis zu 400 m breiter Strandhaken.

Am Schwarzen Busch ist ein Badestrand, der im Sommer auch durch die DLRG bewacht wird (großes Bild). Im Timmendorfer Hafen an der Westküste der Insel Poel, mit einer Wassertiefe zwischen 2 und 5 m, finden auch viele Gastanlieger Platz.

Wustrow – die Fast-Insel wartet auf Entwicklung und Entdeckung

Eine schmale Landzunge, der Wustrower Hals, verbindet das Ostseebad Rerik mit der Halbinsel Wustrow – plötzlich steht man vor einem Schild: Betreten verboten. Die Halbinsel Wustrow ist ein Geisterort und zieht als letztes Sperrgebiet an der Mecklenburgischen Küste magisch Abenteurer an. Daran ändern auch der Wachschutz und ein Zaun quer über den Badestrand nichts. Dahinter verstecken sich die Hinterlassenschaften jahrzehntelanger militärischer Nutzung, aber auch ein ungestörtes Naturparadies. Mit kyrillischen Buchstaben haben sich

hier Soldaten der Sowjetarmee mit ihren Schnitzereien in Baumrinden verewigt. Von 1949 bis 1994 war die Halbinsel zwischen Salzhaff und Ostsee für den zivilen Verkehr gesperrt. Die 52 Bauernfamilien, darunter viele Flüchtlinge, die sich aufgrund der Bodenreform nach dem Krieg hier eine neue Existenz aufbauen wollten, wurden 1949 unmissverständlich aufgefordert, sich eine neue Heimat zu suchen. Doch die eigentliche Schicksalsstunde schlug für die Wustrower bereits im Jahr 1933. Das Deutsche Reich suchte damals einen Standort für eine militä-

rische Ausbildungsstätte und die Gutsherren von Wustrow, die Gebrüder Plessen, verkauften dafür die Halbinsel. In nur fünf Jahren entstand mit Kasernenanlagen, einem Flugplatz, Häfen und einer Wohnsiedlung die größte Flakartillerieschule des Deutschen Reiches, die 1937 der deutsche Diktator Adolf Hitler Italiens „Duce" Benito Mussolini vorführte.

Mit Ausnahme der von den Sowjets genutzten Garnison im nordöstlichen Teil der Halbinsel wurden nach Kriegsende fast alle Wehrmachtsanlagen gesprengt und abgerissen. Etwa

Da das Betreten der Halbinsel verboten ist, bieten Schifffahrten eine gute Gelegenheit, doch einen etwas näheren Blick auf die sich selbst überlassene Natur und die noch erhaltenen Wehrmachtsanlagen zu werfen.

zwei Drittel der 12 km langen Insel sind seit 1990 Landschafts- bzw. Naturschutzgebiet. Die zivile Gartenstadt, die der Reformarchitekt Heinrich Tessenow (1876–1950) 1933 im Auftrag der nationalsozialistischen Regierung für die zivilen Angehörigen der militärischen Nutzer der Halbinsel entwarf, harrt einer neuen Bestimmung.

Große Pläne – aber nichts geschieht

Das für eine neue Nutzung vorgesehene Gelände wurde dekontaminiert, eine Marina, eine Golfanlage, ein Hotel, Ferien- und Eigentumswohnungen für etwa 2000 Erholungssuchende sind geplant. Diese Pläne der heutigen Insel-Besitzer, der Fundus-Gruppe, finden nicht vorbehaltlos Zuspruch. Schilder und Zäune verwehren den Zutritt auf das Gelände. Seit 2004 darf der Heimatverein Rerik auch keine öffentlichen Führungen zu Fuß mehr anbieten. Dafür geht es nun per Schiff die Halbinsel entlang. Immer wieder steuern auch Surfer und Segler die Wustrower Ufer an. Zum Leidwesen der Naturschützer, die mit Berechtigung fürchten, dass vor allem während der Brutzeit die zahlreichen, teils seltenen Vögel gestört oder vertrieben werden. Dabei böte das Salzhaff ausreichend Spielraum.

Das Salzhaff, eine 9 km lange Ausbuchtung der Ostsee – vor 7000 Jahren ertrunkenes Land – ist ideales Surf- und Segelrevier. Man kann darauf auch seelenruhig mit Ruder- und Tretbooten unterwegs sein.

Manchem mag der Zaun ärgerlich erscheinen, vielleicht hilft er aber auch Leben oder Gesundheit zu schützen, immerhin gilt das abgesperrte Gelände noch als munitionsbelastet.

Dieser Blick von Rerik nach Wustrow zeigt den dünnen sogenannten Wustrower Hals, der zum eigentlichen Kern der Halbinsel führt.

Die Halbinsel Fischland-Darß-Zingst

In erdgeschichtlichen zeitlichen Maßstaben gedacht, wo es um Hundertausende oder Millionen von Jahren geht, ist diese einzigartige Küstenlandschaft noch ein Teenager.

Südlich der Halbinsel liegen der Saaler und der Bodtstedter Bodden. Als die ehemals isolierten Inselkerne durch Nehrungen miteinander verbunden wurden, die durch Anlandung und Verlandung entstanden waren, bildete sich zugleich die von der offenen See nahezu vollständig abgeschnürte Darß-Zingster-Boddenkette.

Lang ist der Name der Halbinsel und fast schon schwer auszusprechen. Dieses Wortgebilde weist auf die erdkundlichen Besonderheiten der Halbinsel hin. Denn einst waren das Fischland, der Darß und der Zingst eigenständige Inseln, vom Festland durch die Mündungsarme der Recknitz und des Prerowstroms getrennt. In den Recknitzmündungen zwischen Festland, Fischland und Darß wurden im 13. Jh. Segelschiffe versenkt, die die Zuflüsse allmählich versanden ließen. So verdarb die Hanse der Stadt Ribnitz den direkten Zugang zum Meer. Der Prerowstrom zwischen Darß und Zingst wurde 1874 nach einer verheerenden Sturmflut zum Schutz des Landes geschlossen. Allmählich wurde aus den Inseln die buchtenreiche Halbinsel mit dem Kettennamen Fischland-Darß-Zingst, die sich heute über 60 km erstreckt, im Norden vom Meer, im Süden von einer Boddenkette begrenzt. Bodden, so heißen die vom offenen Meer durch Landzungen abgetrennten

flachen Küstengewässer an der Ostsee, andernorts würde man sie Lagunen nennen. In sanften Bögen, ohne große Buchten und Landvorsprünge, verläuft die Küstenlinie bis zum Darßer Ort. Östlich von Prerow strebt sie nahezu geradlinig dem Zingst entgegen.

Unveränderlich ist diese Küstenlinie keineswegs. Die Nordseite der Halbinsel ist eine sogenannte Ausgleichsküste. Die küstenparallele Strömung, Wind und Brandung nagen an der Uferlinie. So landet, was Sturm und Wellen im Westen der Halbinsel entreißen, am Darßer Ort oder an der dem Zingst vorgelagerten Insel Bock wieder an. Durchschnittlich verlieren die westlichen Ufer einen halben Meter im Jahr. Nicht selten aber werden bei schweren Sturmhochwassern auch 10 m abgetragen. „Behüt uns Gott vor dem großen Wasser", wurde jeden Sonntag in der Kirche gebetet. Doch wenn Westwinde große Wassermassen aus der westlichen Ostsee nach Nordosten drängen, steigt der Spiegel des finnischen Meerbusens. Springt der Wind dann auf Nordost um und steigert sich zum Sturm, staut sich das zurückflutende Wasser in der südwestlichen Ostsee und es kommt zur Sturmflut. Das passiert im Durchschnitt alle 17 Jahre. Heute verhindern Buhnenreihen vor den Flachküsten den fatalen Sandraub. Immer wieder muss neuer Sand vom Meeresgrund künstlich an den Strand gespült werden. Hunderttausende Kubikmeter werden dann in langen Röhren an Land gespuckt. Schutz vor den Fluten bieten die Stranddünen, von Hand mit Dünengras bepflanzt. Sollte allzu stürmisches Wasser doch den Dünenwall durchbrechen, hemmen ein Küstenschutzwald und die dahinter liegenden Deiche die Wellen.

Der Prerowstrom verband bis 1874 den Bodden mit der offenen See. Heute ist der Prerowstrom ein ruhiges Gewässer, das zwar noch den Darß vom Zingst trennt, aber am landeinwärts liegenden Hafen von Prerow endet. Diese geschützte Lage nutzte man, um reetgedeckte Bootshäuser zu bauen.

Bodden nennt man die vom Meer durch Landzungen abgetrennten flachen Küstengewässer.

Die Darßtüren-
bauer in Prerow

Seit sechs Generationen arbeiten die Männer der Familie Roloff mit Holz. Mit seinem jüngeren Bruder Dirk führt der 1965 geborene René Roloff die 1832 gegründete Tischlerei. Es ist die älteste Kunsttischlerei auf dem Darß. Aber gegen diesen Begriff wehren sich die beiden Tischlermeister: „Wir betreiben Handwerk wie vor über 100 Jahren, da hat auch keiner Kunst dazu gesagt. Aber heute ist es wohl schon eine Kunst, wenn man noch mit Holz umgehen kann." Dabei sehen die mit Blüten, Fächern, Palmetten, Sternen, Ankern, Lebensbäumen und anderen fantasievollen Ornamenten verzierten Türen äußerst kunstvoll aus. Vorsichtig schnitzt Dirk Roloff die Strahlen einer aufgehenden Sonne. „Die Türen sind immer Ausdruck der Lebensfreude", sagt Dirk Roloff.

Dem Klassizismus entlehnte Motive mischen sich unbeschwert mit volkstümlichen. Freude am Aussehen – und Aberglaube führten dabei die Regie.

Nicht jedes Ornament hat einen erklärbaren Hintergrund, doch könne man davon ausgehen, dass ein nach oben weisendes Pfeilmotiv vor Blitz und Unwetter schützen sollte. In diamantartigen Flächenreliefs sollten sich womöglich böse Geister verfangen und somit gebannt werden.

Freie Motivwahl

Bunte Haustüren sind der schönste Schmuck der Darßer Häuser. Es gibt sie seit dem Ende des 18. Jh. Mit der Segelschifffahrt kehrte Wohlstand ein, der sich schon an der Haustür erkennen lassen sollte. Deshalb war auch die damals teure Tulpe ein überaus beliebtes Motiv.

Mitte des 19. Jh. kamen die Darßer Türen wieder aus der Mode. Erst als 1931 der Prerower Bürgermeister Heinrich Bierbaum für das neue Gemeindeamt (heute Kurverwaltung) in der Tischlerei Roloff eine Tür in Auftrag gab, besann man sich wieder auf diese Tradition. Im Gegensatz zu den historischen Türen malte man die neuen nun richtig bunt an: sonnengelb und himmelblau, mohnrot und wiesengrün.

Heute verkaufen die Roloffs Darßer Türen immerhin bis nach Bayern. Jeder Kunde bekommt seine eigene Tür. Selbst wenn Kraniche, Zeesenboote oder die eigene Hauskatze darauf verewigt werden sollen.

Handwerkstradition,
Mühe und Zeit

Zwischen 80 und 160 Stunden dauert die Anfertigung einer Tür. Alles geschieht nach den Regeln des Handwerks, geschuldet den Möglichkeiten und Grenzen des Materials Holz.

Zur Herstellung braucht man neben einer Hobelbank mehr als 40 Werkzeuge. Mindestens zehn Hobel, fünf Sägen, Winkel, Zirkel und Bleistift, drei bis vier Schnitzeisen, Schraubzwingen, Bohrer, Zollstock und mehr. Im Werkstattschrank bewahren die Roloffs historisches Werkzeug auf. „Manches davon, der Grundhobel, der Profilhobel, die alten Furnierböcke, stammt noch vom Urgroßvater." Immer wieder klopfen Fremde an die Roloffsche Tür, um einen Blick in die Werkstatt werfen zu können. Sie sind willkommen.

Mitten im Ostseebad Prerow liegt die Tischlerei, die man ganz im Wortsinn noch Manufaktur nennen kann.

Konzentration, Einfühlung ins Material und Beherrschung des traditionellen Handwerks sind nötig, um die schmuckreichen und schmückenden Türen herzustellen.

Der Hafen von Althagen liegt in einem Seitenarm des Saaler Boddens. Von hier aus starten die Fischerboote. Außerdem laden Zeesenboote und Fahrgastschiffe zu Boddenrundfahrten ein.

Die Bäume am Darßer Weststrand müssen immer wieder heftigen Stürmen trotzen. Vom Salzwasser gebleicht enden die Buchen und Kiefern als malerische Baumgerippe.

Schifferland Fischland

Der besonders schmale, südwestliche Abschnitt der Halbinsel trägt den schönen Namen Fischland. Es bietet gerade mal vier Orten Platz: Dierhagen, Wustrow, Althagen und Niehagen. Wo einst der schmale Wieker arm (Permin) den Saaler Bodden mit dem Meer verband, liegt Wustrow, das älteste Fischlanddorf; Swante Wustrow = Heilige Insel. Auf einem Hügel nahe dem Bodden erhebt sich die Wustrower Kirche an eben jener Stelle, an der einst eine wendisch-heidnische Tempelanlage zu Ehren des Gottes Svantevit stand. Ab 1382 war der Grund Eigentum des St. Klaren-Klosters in Ribnitz, so wurde hier bald das erste Gotteshaus erbaut. Den Turm der neogotischen Backsteinkirche, die über dem Ort aufragt, kann man erklimmen. Beim Ausblick vom Umgang offenbart sich die Seele des Fischlands. In den Vorgärten der rohrgedeckten Fischerhäuser blühen Stockrosen, im Hafen wiegen sich die rotbraunen Segel der Zeesenboote, mit denen in den flachen Bodden gefischt wird. Fischfang und Seefahrt haben in Wustrow Tradition. Aus der großen Zeit der Schifffahrt haben sich noch die Kapitänshäuser in der Strandstraße erhalten. Erinnerung an die nautische Vergangenheit ist auch das Gebäude der 1846 gegründeten Großherzoglichen Navigationsschule. Mit dem Niedergang der Segelschifffahrt begann in Wustrow der Badebetrieb. Heute ist der Ort ein eher gemütliches Ostseebad mit Seesteg, kleinen Hotels und Pensionen.

Der Darß

Prerow im Nordosten und die Boddendörfer Wiek und Born sind die bewohnten Eckpunkte des breiten Mittelteils der Halbinsel Fischland-Darß-Zingst. Dazwischen nichts als Natur in so ursprünglicher Form, dass sie wesentlicher Teil des Nationalparks Vorpommersche Boddenlandschaft ist. Ahrenshoop im südwestlichsten Zipfel auf dem schmalen Vordarß ist das wohl berühmteste der Darßer Dörfer. Schon bald nach 1900 begannen zumeist villenartige Künstlerhäuser den Charakter des alten Fischerorts zu verändern. Das einstige vorpommersche Powerdörp, also Armendorf, das im Gegensatz zu seinen mecklenburgischen Nachbarn auf dem Fischland nicht am Wohlstand durch die Segelschifffahrt teilhaben konnte, überstrahlte bald die anderen Orte – Prominente wie Bertolt Brecht und Helene Weigel waren zu Gast in Ahrenshoop. Der Ort ist überschaubar. Nur wenige Schritte von der zentralen Dorfstraße entfernt rauscht das Meer. Geselliger und kultureller Mittelpunkt sind im Zentrum des Ortes der blaue Kunstkaten und die Bunte Stube, ein schon in den 1920er-Jahren gegründeter Laden voller Bücher und Kunsthandwerk.

Schon bald hinter dem neuen Kurhaus wird die Dorfstraße zur Chaussee und taucht in den Darßwald ein. Seewärts begrenzt der wilde Weststrand, einer der schönsten Strände an der Ostseeküste, den Darßwald. Hier ist der Sand so fein, dass man ihn früher einer ungewöhnlichen Nutzung zuführte, er wurde in Sanduhren gefüllt. Kein Strandkorb, keine Beachbar, kein Rettungsturm möbliert den schmalen Sandstreifen. Der Weststrand ist ein Revier für Nacktbader, die sich hinter salzwassergebleichten Buchen heimisch fühlen. Am Nordstrand von Prerow tummeln sich im Sommer viele Feriengäste. Prerow, die Urlaubermetropole des Darß, hat von allen Seebadeorten der Halbinsel den breitesten Strand. Aber auch stille Rückzugsorte gibt es, etwa die Seemannskirche, das älteste und schönste Gotteshaus auf dem Darß. Es wurde 1728 erbaut. In der mit weißen Wolken ausgemalten Taufkapelle wird noch immer mit Ostseewasser getauft.

Die Seemannskirche von Prerow diente früher nicht nur dem Gebet, sondern wies als Seezeichen den Schiffern auch den Weg in den Prerowstrom. Die Aufnahme zeigt eine das Taufbecken schmückende Skulptur.

Sand, so fein, dass er zum Befüllen von Sanduhren benutzt wurde, gibt es am wilden Weststrand.

Die Darßdörfer

„Die Prerower haben den Strand, die Wieker den Sand und die Borner das Land" – diese etwas hämische Anspielung auf die Armut des Boddendorfs Wieck bezieht sich vor allem auf die Zeit des Niedergangs der Segelschifffahrt. Noch Anfang des 18. Jh. soll es hier mehr Schiffe gegeben haben als im

Golden schimmernd, transparent, das Sonnenlicht einfangend … Bernstein!

Einst verzeichneten die Karten vor dem Darßer Ort eine „Bernsteininsel". Doch viele der Bernsteinstückchen, die man in den 1920er-Jahren hier hin und wieder fand, hatten pfiffige Darßer Fischer verstreut. Damit konnten sie die schon damals auf Bernstein versessenen Feriengäste zu Ausfahrten auf ihre Boote locken und sich ein gutes Zubrot verdienen. Die Bernsteininsel hat längst das Meer geschluckt, doch die Suche nach Bernstein wird ewig währen, so schön sind die honiggelben bis malzbraunen fossilen Harztropfen. Und es heißt immerhin, dass zwischen Dierhagen und Ahrenshoop die Funde nicht gar so selten sind. Besonders nach einem Sturm steigen die Chancen, zu den glücklichen Findern zu gehören, da Bernstein aufgrund seiner relativ geringen Dichte in bewegtem Salzwasser nahezu schwebt und somit durch die Brandung auf den Strand geworfen wird. Übrigens ist in Europa das Baltikum besonders bekannt für Bernsteinfunde an der Meeresküste.

Am Spülsaum allerdings kann man sie manchmal schwer von Kieselsteinen, Seeglas oder Donnerkeilsplittern unterscheiden. Doch nur Bernstein lädt sich statisch auf und zieht kleine Papierschnipsel an, wenn man die etwas größeren Stücke an Stoff aus Seide oder Synthetik reibt. Eine weitere Testmethode: Einfach zwei gehäufte Ess-

Am Spülsaum von Ahrenshoop suchen die Urlauber nach jeder Sturmnacht das „Gold des Nordens" – und sind dabei oft erfolgreich.

löffel Kochsalz in Leitungswasser auflösen. Schwimmt der Stein oben, dann hat man Finderglück gehabt. Übrigens entzündet sich Bernstein hell und rußend. Das niederdeutsche Wort für brennen ist „börnen". Aus „Börnsteen" wurde „Bernstein".

Wenn auch die Ausbeute oftmals leider gering ist, die „Strandlöpers" lassen sich nicht entmutigen. Immerhin hat einst nach einer stürmischen Nacht gerade hier am Darßer Weststrand ein Fischer einen 2,49 kg schweren Brocken gefunden. Wer gar nichts findet, kann sich in Ribnitz-Damgarten auf dem Festland trösten. In der gläsernen Schaumanufaktur befindet sich die deutschlandweit größte Bernsteinverkaufsausstellung der Ostseeschmuck GmbH. Geheimnisvoll leuchten auch im Deutschen Bernsteinmuseum die polierten, schon in der Antike begehrten Meeressteine, in denen beispielsweise Spinnen, Ameisen, Blattläuse oder sogar Schmetterlinge gefangen sind.

Was der Mensch außer Schmuck aus den über eine Million Jahre alten versteinerten Harzstückchen noch so alles herstellen kann, zeigen Dosen, Kannen, Kerzenleuchter, ein Hausaltar, ein Miniexemplar eines Wikingerschiffes und sogar eine Nachbildung der Wandtäfelung des legendären Bernsteinzimmers.

Im einstigen Klarissenkloster von Ribnitz-Damgarten zeigt das Deutsche Bernsteinmuseum 1600 Exponate – vom Bernsteinamulett der Jungsteinzeit bis zur Moderne. Die Aufnahme zeigt das Modell eine Hansekogge, penibel aus dem Schmuckstein gefertigt.

Gefangen vor vielen Millionen Jahren in flüssigem Harz: So wie diese Fruchtfliege wurden viele Tiere und Pflanzen im Harz des späteren Bernsteins eingeschlossen. Sie geben heute interessante Einblicke in Flora und Fauna der Urzeit.

Hinter einem Röhrichtgürtel sieht man Born vom Meer aus. Der Name Born leitet sich vom slawischen „bori" ab und bedeutet Föhrenwald. Denn hinter dem Dorf beginnt der Darßwald (oben rechts).

Mit der aufkommenden Schifffahrt entstanden in Born im 19. Jh. stattliche Kapitänshäuser. Nahe am Bodstedter Bodden werden auch heute noch oder wieder Häuser reetgedeckt (unten).

viel größeren Barth. Dann aber begann der Abstieg zum ärmsten Darßer Dorf. Als 1886 Mecklenburg und Pommern dem Norddeutschen Zollverein beitraten, war zudem die Karriere Wiecks als Schmugglernest beendet. Der 1833 in Wieck geborene Kapitän und Schriftsteller Johann Segebarth hat in seinem Roman *De Darßer Smuggler* davon erzählt, wie hier im 19. Jh. vor allem Salz über den Bodden verschoben wurde. 1935 kamen die ersten Feriengäste. In dem von Wiesen und Weiden umgebenen Dorf suchen Urlauber heute vor allem Stille. In der Darßer Arche, einem wie ein aufgedockties Schiff konzipierten Neubau, kann man sich auf eine virtuelle Reise durch den Nationalpark begeben.

Born – Streusiedlung auf fruchtbarem Bauernland

Von Wieck nach Born sind es knapp 5 km. Bis nach Bliesenrade, einem winzigen Nest auf einer langgestreckten Landzunge, geht es über den Boddendeich. Herrlich ist der Ausblick über den Bodstedter Bodden. Die Darß-Zingster Boddenküste, von Buchten und Küstenvorsprüngen zerfranst, liegt zumeist nur wenige Dezimeter über dem Meeresspiegel. Der Bliesenrader Weg führt schließlich immer entlang dem Koppelstrom, einer Verbindung zwischen Bodstedt und Saaler Bodden, direkt nach Born, eine Streusiedlung mit Kapitänsvillen und Kopfsteinpflaster. „Born hat das Land", den fruchtbarsten Boden überhaupt auf dem Darß. Heute betreibt das Gut Darß auf 4700 ha ökologischen Landbau. Auf den saftigen Weiden grasen Rinder, Ziegen, Schafe und Büffel. Jedes erste Wochenende im August aber sind in Born Pferde die Hauptakteure. Beim fröhlichen Tonnenabschlagen, einem alten Volksfest der Region, werden die Darßer zu wilden Reitern. Im vollen Ritt versuchen sie, eine im Torbogen aufgehängte Tonne herunterzuschlagen. Wer den Boden herunterholt, wird Bodenkönig. Es folgt der Stäbenkönig und wer das letzte Stück abschlägt, wird Tonnenkönig. Gestürzte Reiter werden mit dem Titel Sandkönig geadelt – ein alter Brauch zu Ehren der letzten Tonne Hering, die den Schweden 1815 als Tribut gezahlt werden musste. 1927 fand in Prerow das erste Tonnenfest statt, inzwischen hat es Tradition in allen Darßer Orten.

Zingst

„Hier ist mine Heimat, hier bün ick to Hus!", schrieb man 1939 der in Zingst aufgewachsenen Heimatdichterin Martha Müller-Grälert auf ihren Grabstein. Diese Zeile stammt aus ihrem *Ostseewellenlied*, das lange Zeit unter falscher Flagge als Nordseelied um die Welt segelte, daher bekam die Autorin ungerechterweise bis zu ihrem Tod keinen Pfennig Honorar. Im Haus Morgensonne, dem Heimatmuseum im restaurierten Kapitänshaus, wird diese falsche Zuordnung korrigiert. Das alte Kapitänshaus bewahrt viele Zingster Geschichten. Da steht auch die „Sturmflutwiege", eigentlich ein ganz gewöhnliches Kinderbett. Doch als am 11. November 1872 das Meer auch über Zingst hereinbrach, ergriff eine eisgraue Welle das Bettchen und trug es bis zum Freesenbruch, etwa 1 km westlich von Zingst. Dort fand man das schreiende Kind. Mary Ewert überlebte und wurde 73 Jahre alt. In der Kapitänsetage des Museums zeigt sich Zingst als erfolgreicher Schifferort. 1880 gab es hier 80 Kapitäne und 220 Seeleute. Das schlug sich auch im Dorfbild nieder. Es entstanden feste Steinhäuser, auch mit Schindeln bedeckt, wie das Haus Morgensonne. Heute ist Zingst auf der gleichnamigen langgestreckten Landzunge östlich des Darß der größte Ort der Halbinsel, fast eine Kleinstadt. Am 18 km langen Strand kann jeder nach seiner Fasson selig werden. „Ideales Baden vom Strandkorb aus, Sonnen und Tummeln am steinfreien, pulverweichen Strand, Sport, Spiel, nette Feste, Kurmusik …", wie es schon in einem Prospekt aus der Zeit um die vorletzte Jahrhundertwende stand.

Je weiter man nach Osten kommt, desto stiller wird es. Große Teile des Ost-Zingsts waren lange als militärisches Gebiet unzugänglich. Heute gehören sie zur Kernzone des Nationalparks. Ganz am Ende liegt Pramort mit der Hohen Düne, der größten Weißdünenlandschaft an der deutschen Ostseeküste. Nichts als schier endlose Weite und Stille, die nur hin und wieder vom Geschrei der Kraniche und Wildgänse unterbrochen wird. Der grandiose Ausblick auf den großen Werder, die drei kleinen Werder und das Windwatt wird durch einen Beobachtungsturm nochmals gesteigert.

Zeesenboote: Quer vor dem Wind

Dunkle Segel gleiten lautlos über die Darß-Zingster Boddenkette. Sie gehören zu dieser Region wie rohrgedeckte Dächer, bunte Darßer Türen und Möwenschreie. Zeesenboote kamen bereits im Mittelalter auf. Einst segelten mit ihnen die Fischer quer vor dem Wind und schleppten ein Netz über den Boddengrund. Doch seit den 1970er-Jahren hat das Zeesboot (das ist die kürzere plattdeutsche Bezeichnung) als Fischfangboot ausgedient. Als Traditionssegler wurde ihm eine neue Zukunft beschert. Die Zeesner von heute schippern Touristen über das Wasser. Im Hafen von Wustrow starten *Butt* und *Bill*. Im Althäger Hafen warten *Sannert* und *Blondine*. Jedes Jahr im September belebt die große Bodstedter Zeesenbootregatta die Schifffahrtstradition.

Magische Anziehungskraft einer Küstenlandschaft: die Künstlerkolonie Ahrenshoop

Licht und Landschaft ziehen Künstler schon seit Ende des 19. Jh. nach Ahrenshoop. Die ersten kamen über das Hochufer von Wustrow her. So auch der Maler Paul Müller-Kaempff.

Etwa dort, wo heute das Strandrestaurant *Buhne 12* steht, kann man noch immer nachempfinden, was den Maler einst so entzückte: „Ein Bild des Friedens und der Einsamkeit." 1892 ließ er sich in Ahrenshoop nieder und baute das erste Künstlerhaus. Zur Gründergeneration der Künstlerkolonie gehörten auch Anna Gerresheim, Theobald

Schorn, Hugo Richter-Lefensdorf, Elisabeth von Eicken und Friedrich Wachenhusen. Den Künstlern folgte allsommerlich ein Schwarm kunstbeflissener Damen, auch „Malweiber" genannt.

Einmal Künstlerkolonie ...

Selbst in DDR-Jahren behielt Ahrenshoop als „Bad der Kulturschaffenden" seinen elitären Ruf. Ahrenshoop, die Diva der Darßer Dörfer, nährt ihr Selbstbewusstsein auch noch heute aus ihrer Vergangenheit als Künstlerkolonie. 25 % ihres Etats gibt die Kommune für Kunst und Kultur aus. 2013 entsteht für 7,7 Mio. Euro ein neues Kunstmuseum. Ahrenshoop nennt sich heute Künstlerort – in dem sogar der

Bürgermeister malt. Bilder auch am Rand der langen Dorfstraße und in Hotels. Zahlreiche Galerien halten Kunst und Kommerz in feiner Ausgewogenheit. Das Künstlerhaus Lukas, einst Malschule von Paul Müller-Kaempff, vergibt Stipendien. Das ist gut für das Image als Künstlerort und gut für die Künstler. Zum Bodden hin wird es richtig still. Der Ortsteil Althagen hebt sich in Bau- und Lebensstil deutlich von Ahrenshoop ab. Das Modische, das Ahrenshoop in seiner Rolle als Künstlerkolonie und später als Feriensiedlung ereilte, blieb der Fischer- und Bauernsiedlung erspart.

Noch heute lebt in dem tiefblauen Haus an der Fulge Jan Klünder, der Enkel der Malerin Dora Koch-Stetter und des einst berühmten deutschen Zeichners und Karikaturisten Fritz Koch-Gotha. Jans Vater gründete 1956 eine der ersten Ahrenshooper Keramikwerkstätten. In diesem traditionsreichen Haus fertigt man ganz eigene, dünnwandige und farbenfrohe Gefäße an. Und man wird immer wieder Malern mit ihren Utensilien begegnen. Kein Wunder – an der Abbruchkante des Hochufers liegen ihnen die Motive zu Füßen: Wellen, Strand und ein bizarrer Küstenrand.

Als Katharina Klünder in Ahrenshoop noch Sommergast war, ist sie oft über den Boddendeich spazieren gegangen. Heute führt sie mit ihrem Mann Jan in dem tradionsreichen Haus in der Fulge eine Keramikwerkstatt (oben links).

Der Weg vom Strand (oben rechts) zur Kultur ist nicht weit. – Mit dem Ahrenshooper Kunstkaten eröffnete 1909 die erste Verkaufsgalerie der Künstlerkolonie.

Nationalpark Vorpommersche Boddenlandschaft

Auf dem Weg zum Urwald – so heißt die Devise für viele Wald-gebiete im Nationalpark. Noch hilft der Mensch der Natur auf die Sprünge. Aber bald regieren nur noch Wind und Wellen.

Auf dem Pramort, dem östlichsten Teil der Halbinsel Zingst, rasten zahlreiche Zugvögel vor ihrem langen Weg nach Süden, andere kommen zum Überwintern.

Alles wird anders. Noch streben die dürren Stämme des Kiefernforsts wie Spargelstangen der Sonne entgegen. Auf der lichteren Fläche gegenüber sprießen winzige Buchen. Hier haben Eichhörnchen und Eichelhäher erfolg-reich Samen versteckt. Das Rezept für einen naturnahen Mischwald kennt eben nur die Natur. Jetzt müssen nur noch 250 Jahre vergehen, dann über-nimmt die Buche wieder die Herrschaft über die Wälder. Noch bestehen große Teile des Waldes aus Kiefern, die vor etwa 150 Jahren in den für die Landwirtschaft ohnehin wenig tauglichen Sandboden gepflanzt worden waren. Rund 82,7 % des Nationalparks Vorpommersche Boddenlandschaft sind Entwicklungsgebiet. Das heißt, noch bis zum Jahr 2017 muss der Mensch der Natur auf die Sprünge helfen. Dann darf überall nur noch der Sturm die Bäume fällen. Der Nationalpark mit den Halbinseln Darß, Zingst und Bug, der Insel Hiddensee, mehreren kleinen Inseln sowie den Boddenge-wässern zwischen dem Fischland und West-Rügen ist ein repräsentativer

Ausschnitt, eine markante Großlandschaft an der Ostseeküste. Unter Führung von Michael Succow, dem stellvertretenden Minister für Natur- und Umweltschutz der letzten DDR-Regierung, wurde noch im September 1990 beschlossen, 14 großflächige Landschaften zwischen Ostsee und Thüringer Wald unter Schutz zu stellen. Wenige Wochen später sicherte der Einigungsvertrag auch 80 500 ha der vorpommerschen Boddenküste den Status eines Nationalparks, der somit heute mit Abstand der größte in Ostdeutschland ist. Die Idee eines Nationalparks ist bekanntermaßen wesentlich älter. 1872 eröffnete mit dem Yellowstone-Park in den USA der weltweit erste Nationalpark. Bis heute folgten nach jeweils landeseigener Gesetzgebung 2968 Nationalparks.

Die erste Vorhut eines Kranichschwarms ist auf Spähflug bei Pramort. Wenn die Kraniche in der Dämmerung ihre Schlafplätze in den flachen Boddengewässern aufsuchen, tönt laut ihr Ruf durch die Lüfte.

Natur an der Grenze von Wasser und Land

Die Hauptrolle auf der schönen norddeutschen Naturbühne spielt das Wasser: Es ist eine amphibische Landschaft, in der sich Land und Wasser stark durchdringen. Die Bodden, die vom Meer mehr oder weniger abgetrennten flachen Buchten, sind die Lagunen der Ostsee. Etwa 83 % der Fläche des Nationalparks Vorpommersche Boddenlandschaft besteht aus Meer, Seen, Flüssen und Bächen. Mit Einbeziehung der Ostsee bis zur Zehnmeter-Tiefenlinie ist der Nationalpark zugleich eines der ersten Meeresschutzgebiete im Ostseeraum. Spülsäume, Dünen, Windwatte, Röhrichte und Moore bilden einen einzigartigen Lebensraum. Dieser ist Durchzugsgebiet von etwa 250 000 Vögeln, denen der Wattboden Plankton und Kleinkrebse, Insektenlarven und Fischbrut, Sandklaffmuscheln und Wattwürmer serviert. In den seichten Gewässern und auf den Sandbänken zwischen Pramort und Hiddensee tummeln sich die Watvögel. Zigtausende Kraniche rasten hier im Herbst, oft für mehrere Wochen. Auch Enten und Gänse finden hier Zwischenquartier. Der Nationalpark Vorpommersche Boddenlandschaft ist ein überlebenswichtiger Rastplatz für den europäischen und transkontinentalen Vogelzug. Für den Kranich ist er die letzte „Tankstelle" vor dem großen Flug in den Süden. Die Bodden sind zugleich das bedeutendste Überwinterungsgebiet für Wasservögel im Ostseeraum.

Der Nationalpark ist als Rastplatz für den europäischen Vogelzug von überragender Bedeutung.

Mit ein bisschen Glück entdeckt man sogar einen Seeadler. Als der Nationalpark-Ranger durch das Fernglas blickt, sind gleich drei Seeadler in seinem Visier: majestätische Allesfresser beim Schwanenschmaus im seichten Wasser auf einer Sandbank vor der Insel Bock. Der Ranger hat Position auf

Die Hohe Düne, die größte unbewaldete Dünenlandschaft Deutschlands, ist nur zu Fuß oder mit dem Fahrrad erreichbar.

In den tieferliegenden Dünentälern das Darßwaldes füllen sich die Senken nach dem Absterben der Binsen mit Torf und geben so den feuchtigkeitsliebenden Erlen Halt.

den Aussichtsplattform des ehemaligen Grenzkontrollturms auf dem Barhöfter Kliff bezogen. Etwa 20 km nördlich von Stralsund hat man einen grenzenlosen und grandiosen Überblick über die Daiß-Zingster Boddenkette. Nach Westen schweift der Blick über die Werder Inseln bis zum Zingst. Richtung Norden schiebt sich die Insel Bock wie ein Riegel zwischen Bodden und Meer. Allein der Wind bestimmt, was hier Wasser, was Land ist, sodass man bei den Sandbänken zwischen Pramort und Hiddensee auch vom Windwatt spricht. Das etwa 10 km² große Windwatt nördlich der Insel Bock, die größte nacheiszeitliche Schwemmlandbildung, wächst immer weiter in das Meer hinein. Früher wurde die gesamte Fläche als „Der Bock" bezeichnet, weil regelmäßig Schiffe hier strandeten, also „aufbockten". Damit die Schiffe nach Stralsund, Barth und Ribnitz nicht mehr im Sand steckenbleiben, wurde ab 1886 die Fahrtrinne ausgebaggert. Zwischen 1906 und 1951 wurden 5 Mio. m³ Sand aus der Gellenrinne aufgespült. Aus dem überflüssigen Sand hat man die eigentliche Insel Bock geschaffen und später aufgeforstet. Sanddorn und Holunder, aber auch die nahezu 50 Arten von Meereslebewesen ergeben eine gut gefüllte Speisekammer für durchziehende Vögel. Die Sandbänke sind für den Säbelschnäbler ein Paradies – ein Vogel, der längst auf der Roten Liste steht und der, wie die meisten Limikolen, auf feuchten Lebensraum angewiesen ist.

Darßer Ort – Kreißsaal der Natur

Etwa 30 km weiter westlich, auf der Halbinsel Fischland-Zingst-Darß, ist der Schöpfungsakt der Landwerdung noch im vollen Gange. Hier landet das Meer noch immer Sedimente an. Nichts ist so beständig wie Veränderung – zu diesem Schluss kann jeder kommen, der mit Rucksack und Fernglas ausgestattet durch den Darßwald zieht. Die Nordspitze, der Darßer Ort, war früher militärisches Sperrgebiet. Heute geht man über lange Holzstege durch den Naturraum. Wer nicht weiß, was hier eigentlich alles so geschieht, sieht nicht viel. Doch die Nationalpark-Ranger wissen die Menschen zu begeistern, egal ob es um die Jahresringe einer Miesmuschel geht oder die Entdeckung eines Seeadlers, von denen Mecklenburg-Vorpommern mit über 300 Paaren die höchste Population Deutschlands besitzt. Von der Schwarzen Krähenbeere, die den Kiefernsamen ein ideales Mikroklima bietet, ist der Ranger ebenso begeistert wie von der Sandsegge, auch Nähnadel Gottes genannt. Sie besiedelt die kahlen Stellen und gibt lockeren Sandhaufen Halt. Es sind die Vorkämpfer der zukünftigen Baumgemeinde.

Der Ranger schickt die Wanderer auf den Darßer Leuchtturm. Besser als aus 28 m Höhe kann man die Zeichen des großartigen Schöpfungsaktes der Landwerdung nirgendwo sonst erkennen, die sich hier geradezu im Zeitraffer vollzieht.

Schon Anfang der 1930er-Jahre schrieb der Oberförster des Darß, Franz Mueller: „Wer den Darßwald in seiner Mächtigkeit erleben will, der steige bei klarem Wetter auf den Leuchtturm am Darßer Ort. Unübersehbar liegt die See vor uns, in der Ferne Hiddensee, der Zingst, Bad Prerow, unter uns das dunkle Meer des Darßer Waldes. Aus Rohrbrüchen inmitten des Waldes leuchten die Spiegel der stillen Waldseen, letzte Überbleibsel des einstmals dort brandenden Meeres. Deutlich sehen wir die Aufbauarbeit der See von Norden her …" Im Süden liegt der zumeist mit Kiefern bewachsene Inselkern, westlich davon schließt sich der Vordarß an, ein etwa 4000 Jahre altes Versumpfungsmoor. Nach Norden hin wächst der Neudarß mit seinen Riegen und Reffen ins Meer. Röhrichte erobern die Ufer der langsam verlandenen Strandseen. Hier sieht das Meer zu, dass es Land gewinnt – 3000 m in den letzten 300 Jahren. Hier kann sich die Küstendynamik noch entfalten. Am Darßer Ort, aber auch am Bessin, in der Gellen-Bock-Werder-Region sowie an den Kliffs findet man noch eine weitgehend ursprüngliche Vegetation.

Spektakulär: der Zug der Kraniche

Bevor die Kraniche in den Süden ziehen, lassen sie sich noch einmal zum großen Festschmaus nieder. Bis zu 60 000 bevölkern dann die Flachwassergebiete des Nationalparks Vorpommersche Boddenlandschaft. Der größte Kranichrastplatz erstreckt sich zwischen Pramort, der Ostspitze der Halbinsel Zingst, und über die Inseln Großer Werder und Bock bis zum Gellen, der Südspitze von Hiddensee. Aber auch auf der Insel Kirr und auf der Udarser Wiek im Norden der Rügenschen Insel Ummanz lassen sie sich am Abend nieder. Mit lautem Trompeten fliegen sie ihre Schlafplätze im flachen Boddengewässer an. Am Morgen starten sie zu den Feldern auf der südlichen Boddenküste, um sich hier die nötigen Kraftreserven anzufressen. Vor ihnen liegt ein weiter Nonstop-Flug auf festen Flugrouten mit 60 km/h. Die meisten fliegen nach Frankreich, Portugal oder Spanien, manche aber auch bis nach Nordwestafrika. Der Nationalpark bietet alles, was ein Kranich für seine Reisevorbereitungen braucht: Feuchtgebiete, seichte Gewässer und Nahrungsplätze.

Leuchttürme – Wahrzeichen der Küstenlandschaft und Landmarken am weiten Horizont

Eine Feuerbake wäre so wünschenswert wie nur was, bemerkte der Stralsunder Publizist Friedrich von Suckow 1831 nach einem Spaziergang am Darßer Ort. Der Schiffsverkehr hatte zu Beginn des 19. Jh. stark zugenommen und die Zahl der Unglücksfälle auf dem Meer ebenso. Bei den sich ständig ändernden Küstenlinien und den wandelnden Wassertiefen taugten die Seekarten oftmals ebenso wenig wie die Kirchtürme von Bart und Prerow als Landmarken bei Nacht. Gerade zwischen dem Darßer Ort und Gedser auf der dänischen Insel Falster war die Ostsee mit ihren Untiefen ein gefährliches Gewässer. Dergleichen hatte sich längst auch schon der königlich preußische Landvermesser Quistorp gedacht. Schon 1815 schlug er vor, Preußens Nordküste mit Leuchttürmen auf dem Darßer Ort, auf dem Rügenschen Kap Arkona und der Greifswalder Oie aus-

zustatten. 1828 nahm auf dem nördlichsten Zipfel Deutschlands, auf Kap Arkona, der heute älteste Leuchtturm an der mecklenburg-vorpommerschen Küste seinen Betrieb auf. Neben dem dicken quadratischen Schinkel-Turm leuchtete 1905 ein neuer, der den noch mit Rüböllampen betriebenen alten ablöste. Bei gutem Wetter kann man von seiner Galerie mit knallrotem Jugendstilgeländer bis zur dänischen Insel Møn blicken. Zu den Rügenschen Leuchttürmen gehört seit 2004 auch ein kleiner weißer Leuchtturm, Baujahr 1904, der ursprünglich auf den Kreidefelsen der Halbinsel Jasmund stand.

Ferngesteuerte Lichter

20 Jahre nach dem ersten Leuchtturmbau auf Rügen ging endlich auch das Licht auf dem Darßer Ort an. Der älteste heute noch betriebene Leuchtturm an der Küste Mecklenburg-Vorpommerns ist ein schlichter Backsteinbau.

Schon 1848 erbaut, strahlt das Feuer des Darßer Leuchtturms 20 Seemeilen weit auf das Meer hinaus.

In den 1990er-Jahren restauriert, informiert in den Nebengebäuden das
Natureum, eine Außenstelle des Mee-
resmuseums von Stralsund, auch über
die Geschichte des Leuchtturms. Noch
bis 1978 mit einem Leuchtturmwärter
besetzt, wird der Leuchtturm seitdem
ferngesteuert. Das Licht des hübschen
weißen Leuchtturms auf dem 74 m
hohen Hügel Schluckswiek im Dornbusch schloss 1888 die 31 Seemeilen
große Lücke zwischen Darßer Ort und
Rügen. Seitdem warnt er vor den Untiefen westlich vor Hiddensee. Für die Si-
cherung der nordwestlichen Zufahrt
nach Stralsund sorgt seit 1905 im
Süden der Insel eine kleinere Schwester, das 12 m hohe Quermarkenfeuer
Gellen. Wie wichtig die Greifswalder
Oie in ihrer exponierten Lage an der
deutschen Außenküste als Standort für
einen Leuchtturm war, bewies allein
schon die Anwesenheit des Preußen-
königs Friedrich Wilhelm bei der
Grundsteinlegung im Jahr 1853. Die
den Wismarer Hafen ansteuernden
Schiffe orientieren sich an den beiden
1872 bzw. 1953 errichteten Leuchttürmen in Timmendorf und Gollwitz auf
der Insel Poel.

Das kleine Quermarkenfeuer von Hiddensee wird wegen seines Standortes auch
„Süderleuchtturm" genannt. Wenn es dunkel wird, blinkt er gleichmäßig und strahlt
im Umkreis von 360 Grad.

Der Traum vom Urwald

Noch ist die Bezeichnung Urwald mehr Ausdruck der Hoffnung als Realität. Doch gibt es vereinzelt Waldstücke, die dem ursprünglichen und wieder angestrebten Zustand des Waldes im Nationalpark schon sehr nahe kommen. Im nördlichen Teil des Zingst liegt ein derartiger Wald: der Osterwald. Mit einer Fläche von 800 ha ist er das größte zusammenhängende Waldgebiet auf dem Zingst. Immer wieder wurde der Forst vom Meer überspült, es schickten die Menschen allenfalls ihr Vieh hierher auf die Sommerweide. Ansonsten hausen hier vor allem Waldkäuze, Gabelweihen, Baummarder und Sumpfohreulen. Mitunter kann man auch Hirschen, Rehen und Wildschweinen begegnen.

Der Osterwald ist das einzige „wurzelechte" Regenmoor Mecklenburg-Vorpommerns. Die höchsten Erhebungen liegen nur einige Dezimeter über dem Meeresspiegel. Auf dem moorigen Waldboden wachsen zumeist Pfeifengras, Birken und Stileichen. Schlanke Erlen wiegen sich im Wind. Ebereschen setzten farbige Akzente. Ein Mischwald beinahe wie aus dem Naturkundelehrbuch. Nur die Fichten und Tannen stehen als Fremdlinge dazwischen, um die Blößen des Waldes, die durch Kahlschlag und Windwurf enstanden, zu verdecken. Feuchte Dünenzüge und trockene Senken bieten Platz für ein breit gefächertes Pflanzenspektrum. Dort, wo der Mensch durch

Mühsam erobern Pflanzen den kargen Boden des großen Weißdünenfeldes auf Pramort. Dieser besteht aus sehr feinem Sand und ist mit Sandhafer, Sandroggen und Stranddisteln bewachsen – ein empfindliches Biotop, das man nur auf einem Plankenweg durchqueren darf, der zum Aussichtspunkt an der Hohen Düne führt.

Die wilden Waldmoore des Darß suchen in Deutschland ihresgleichen. Zwischen Erlen blinken Tümpel, aus denen irgendwann ein Sumpf und alsbald ein Bruchwald wird (links).
Stechpalmen bilden, oft in Gemeinschaft mit Waldgeißblatt, im Darßwald dichtes Unterholz.

Torfabbau der Landschaft bereits seinen Stempel aufgesetzt hat, wird heute durch erneute Regulierung des Wasserhaushaltes des inzwischen trockenen Moores eine Renaturierung der Landschaft angestrebt.

Auch der Darßwald, mit 4500 ha Fläche das größte zusammenhängende Waldgebiet im Nationalpark, ist kein Urwald. Zu stark waren in den vergangenen Jahrhunderten die Einwirkungen durch den Menschen. Seit dem 14. Jh. wurde er wirtschaftlich genutzt. Manchmal übertrafen auch wilde Stürme in ihrer Wirkung die der menschlichen Fällarbeiten. Doch trotz aller Schäden und Eingriffe ist der Darßwald eines der romantischsten Landschaftsgebiete im Norden Deutschlands. Mit seinen bizarren Bäumen, den Sturmkiefern und windgebeugten Buchen war er immer auch beliebtes Motiv für die Maler der Ahrenshooper Künstlerkolonie. Wenn die Frühnebel durch die Erlenbrüche des Neudarß ziehen, glaubt man Feen und Waldgeister zu sehen. Unberührt seit nahezu 50 Jahren liegen die Erlenmoore im östlichen Neudarß. Wollgras und Sumpfporst stehen in trauter Gemeinschaft. Hahnenfuß breitet seine fiedrigen Schwimmblätter aus. Weiß blüht die Wasserfeder, lilafarben der Bittersüße Nachtschatten. Stirbt eine Erle nach 120 Jahren an Altersschwäche,

Der Darßwald hat sich von einem Jagdrevier in einen romantischen Urwald verwandelt.

hüllen sie Pilze, Flechten und Moose ein. Ein buntes Leichentuch, aus dem neues Leben wächst. Alles, was im Nationalpark stirbt, wird zu Biomasse. In der Kernzone I des Nationalparks überlässt der Mensch alles Werden und Vergehen der Natur. Hier zeigt sich allmählich, was ein Urwald ist. 130 Vogelarten sorgen für die Begleitmusik. Was für ein Singen und Jubilieren. Die Paarungsrufe der Erdkröten und die in ihrem Liebeswahn blau anlaufenden männlichen Moorfrösche gehören ebenso zum Waldorchester wie das grunzende Wildschwein. Ganz still aber hat sich mitten im Erlenbruch ein Kranichpaar sein Nest gebaut.

Stralsund – stolze Hansestadt aus Backstein

Die Hanse- und Welterbestadt liegt so malerisch eingebettet zwischen vielen Wassern, dass man meinen könnte, sie befände sich auf einer Insel.

Nicht umsonst wird Stralsund auch „Venedig des Nordens" genannt, ist die Stadt doch rundum von Wasser umgeben. Am Semlower Kanal an der meerabgewandten Seite der Hafeninsel von Stralsund liegt das Revier der Freizeitkapitäne.

„Meerstadt ist Stralsund, vom Meer erzeugt, dem Meere ähnlich, auf das Meer bezogen in ihrer Erscheinung und ihrer Geschichte." So beschreibt die deutsche Dichterin, Philosophin und Historikerin Ricarda Huch die mittelalterliche Stadt an der Ostsee. Mit dem Gesicht zum Meer und nur durch drei Landstege mit den von drei großen, im 13. Jh. aufgestauten Teichen perforierten Umland verbunden, ist Stralsund fast eine Insel; das Wasser das bestimmende Element dieser Stadt. Doch mehr als in alten Hansetagen dient dieses mit Marina, Sundpromenade, Segelrevier, Räucherschiffen, Meeresmuseum und Ozeaneum dem Vergnügen. Wo einst die dickbäuchigen Koggen der Stadt vollbeladen mit Hering, Bier, Tuchen und Pelzen in See stachen, laden heute Passagierschiffe zu Hafenrundfahrten ein. Am Wasser ist Stralsund groß geworden. Die Stadt entstand in der Nähe eines alten wendischen Fischerdorfes, an der engsten Stelle des Strelasunds. Die ersten Häuser standen auf einer kleinen Erhebung, die von Sümpfen und Wasserflächen umgeben waren. Im Jahr 1234 wurde ihr von Fürst Witzlaw I. von

Rügen das lübische Stadtrecht verliehen. Die der Stadt vorgelagerten Inseln Rügen und Dänholm schufen gute Voraussetzungen für einen Hafen. Das brachte Reichtum und Neider und erboste die Lübecker derart, dass sie 1249 die aufstrebende Handelsstadt auf dem „rügischen Festland" niederbrann-ten. Den Lübeckern folgten die Dänen, Schweden und Preußen. Die ersten 300 Jahre nach der Stadtgründung waren die glanzvollsten der Stadt, es war die große Zeit der Hanse.

Blickt man von Altefähr auf Stral-sund, präsentiert die Stadt ihre drei großen alten Backsteinkirchen (v.l.n.r.): die Marienkirche, St. Jakobi und die Nikolaikirche (oben). – Mit einer Schauwand so filigran wie Brüsseler Spitze demonstriert das Rathaus Selbstbewusstsein (unten).

Hüter der Hanse

Ab 1293 führendes Mitglied der Hanse, entledigte sich Stralsund 1316 der lästig gewordenen Fürstenhoheit und wurde für einige Zeit eine unabhängige Stadt. Stralsunds mächtige Hansekoggen durchfuhren den gesamten Nord- und Ostseeraum, ihre gepriesenen Handelsstätten waren Visby, Riga oder Nowgorod. Ihr Schutzpatron war der heilige Nikolai; ihr Rathaus ein „Warenhaus". Großartig erhebt es sich am Alten Markt, der Keimzelle der Handelsstadt. Die Schauwand des bemerkenswerten Gebäudes ist filigran durchbrochen – wahrlich gewagte Architektur. Im Innenhof des Rat-hauses, einer später mit einer eleganten hölzernen Barockgalerie geschmückten Passage, boten einst die Händler ihre Waren an, die sie in dem riesigen gotisch gewölbten und von Backsteinpfeilern sowie gotischen

Kalksteinsäulen gestützten Keller unter dem Rathaus-areal lagerten. Heute befinden sich in der Passage kleine Läden für Kunst und kulinarische Köstlichkeiten.

Auch die im 13. Jh. von den Ratsherren in Auftrag gegebene Pfarr- und Hauptkirche St. Nikolai, die älteste der drei mittelalterlichen Pfarrkirchen Stralsunds und heute ein „Denkmal von nationaler Bedeutung", verkörpert Reichtum und hoch strahlendes hanseatisches Selbstbewusstsein. Welch ein Reichtum an Ornamenten, Farben und Formen im Innenraum. Hier tagte der Rat und empfingen die Gilden und Zünfte wichtige Gäste. Die gotischen Schnitzbilder des Gestühlrestes der Nowgorodfahrer erzählen vom Handel in Russland mit Fellen und Honig und stellen wie der Bergenfahrer-Altar und das Århusfahrer-Gestühl ein Stück hanseatische Wirtschaftsgeschichte dar.

Nach dem Verblassen der Hansemacht betrat Stralsund erst wieder im 17. Jh. die Bühne der Weltgeschichte. Es galt Albrecht von Wallenstein Widerstand zu bieten, der sich nicht nur an der mit Knieper- und Frankenwall noch heute imposanten Befestigungsanlage der Stadt die Stirn blutig schlug. Er schwor, Stralsund zu erobern, „auch wenn die Stadt wie mit Ketten an den Himmel gebunden wäre", und musste 1628 doch vor den von den Stralsundern zu Hilfe gerufenen schwedischen und dänischen Truppen die Waffen strecken.

Das Johanniskloster war einst größte Niederlassung der Franziskaner an der südlichen Ostseeküste. Die Fachwerkhäuser im Innenhof werden heute als Wohnungen genutzt.

Neu gedeckte Dächer, frisch verputzten Fassaden – das architektonische Gesamtkunstwerk aus acht Jahrhunderten wurde aufwendig saniert.

Schwedische Vergangenheit

So hinderte Stralsund den Kaiser daran, sein katholisches Reich bis an die Ostsee auszudehnen. Das allerdings hatte für die Stralsunder einen Preis. Sie wurden mit dem Westfälischen Frieden von 1648 für fast 200 Jahre Untertanen der schwedischen Krone. Jedoch hatte diese Liaison auch fruchtbare Momente. So hat eine Reihe von schwedischen Architekten in Stralsund gebaut, wie Nils Eosander und Cornelius Loos. Der 1742 im tiefroten Giebelhaus in der Fährstraße geborene Carl Wilhelm Scheele entdeckte in Schweden den Sauerstoff.

Noch immer aber prägen vor allem die mächtigen Backsteinbauten der Hansezeit das architektonische Bild der Stadt. Bürgermeister Bertram Wulflam, einer der einflussreichsten Männer jener Zeit, erbaute Mitte des 14. Jh. eines der prächtigsten Giebelhäuser am Alten Markt und kopierte dabei selbstbewusst die Schmuckfassade des gegenüberliegenden Rathauses. In diese Zeit fiel auch der Bau der Jakobikirche an der Grenze zwischen Alt- und Neustadt. Im Zweiten Weltkrieg stark beschädigt, wird sie heute mithilfe von Fördermitteln des Bundes und des Landes sowie der Deutschen Stiftung Denkmalschutz zur Kulturkirche saniert. St. Marien, die Pfarrkirche der Neustadt, deren Bau im Zeitraum von 1384–1478 von den reichen Gewandschneidern finanziert wurde, gilt als jüngste gotische Backsteinbasilika im nordischen Raum. Mit einer Länge von 96 m, einer Breite von 41 m und einer Höhe von 32,95 m ist sie nach der Marienkirche in Danzig zugleich

Mit Kanonendonner, historischer Kostümierung und buntem Markttreiben feiert Stralsund alljährlich im Juli den historischen Sieg über Wallenstein im Jahr 1628.

Ein Rundgang durch die Altstadt ist wie der Besuch eines Freilichtmuseums.

Das Lotsenhaus auf der Hafeninsel vor dem Ozeaneum wurde 1910 mit bis zu 2 m dickem Mauerwerk erbaut. Heute ist es Sitz des Hafenamtes und der Lotsenwache.

auch die größte Kirche im Hanseraum. Eine monumentale Himmelsburg, die in der Gegenwart ein angemessener Ort für die Übergabe der Welterbe-Urkunde war. Von der ursprünglichen Ausstattung ist leider wenig erhalten geblieben, doch ertönt wieder die mit kleinen Engeln geschmückte barocke Stellwagen-Orgel. 366 Stufen höher hat man vom wuchtigen barocken Turm der Kirche einen weiten Blick über die Stadt und bis zu den Inseln Rügen und Hiddensee.

Mit 39 km² ist Stralsund die einst reichste Stadt des wendischen Städtebundes eine Kleinstadt. Doch zeigt sie eine solche Fülle außerordentlicher historischer Bauwerke, dass sie im Jahr 2002 gemeinsam mit der Hansestadt Wismar von der UNESCO zum Weltkulturerbe ernannt wurde. Die Innenstadt, in DDR-Jahren trotz Flächendenkmalstatus dem Verfall preisgegeben, wurde inzwischen beispielhaft restauriert.

Phönix aus der Asche

Gleich nach der Wende erkämpfte das Bürgerkomitee „Rettet die Altstadt Stralsund" mit sich aufbäumendem Bürgerstolz den Abrissstop. Seitdem wurden für die Sanierung der Altstadt etwa 238 Mio. Euro an Fördermitteln investiert. Heute wandelt man durch Stralsund wie durch ein lebendiges „Museum der Architektur". Kirchen, Klöster, Kaufmannshäuser; Orte der Andacht und musealer Bewahrung. Das Johanniskloster wurde im 13. und 14. Jh. erbaut. Nach den Stürmen der Reformation zogen Arme und Kranke in das ehemalige Klostergemäuer. Der „Räucherboden" wurde mit winzigen Wohnungen ausgebaut, deren Rauchabzüge direkt im offenen Dachstuhl enden.

Die Kirche des 1254 von den Franziskanern gegründeten Klosters brannte 1624 aus. Mühevoll wurde sie wieder aufgebaut, dann zerstörten sie die Bomben des Zweiten Weltkrieges. Heute birgt der dachlose Kirchenraum eine eindrucksvolle Pietá nach einem Modell von Ernst Barlach.

In der Kirche des 1251 von den Dominikanern gegründeten Katharinenklosters in der Mönchstraße zeigt das größte naturwissenschaftliche Museum an der deutschen Ost- und Nordseeküste, das Deutsche Meeresmuseum, über zwei Etagen die wundersame Unterwasserwelt. Im Chorraum hängt ein 15 m langes Skelett eines Finnwals. Im restaurierten Klosterkeller sind Tropen- und Mittelmeeraquarien zu sehen. In seiner Größe deutschlandweit einmalig ist das Meeresschildkrötenbecken. Im Katharinenkloster präsentiert das bereits 1858 als Provinzialmuseum für Neuvorpommern und Rügen gegründete und somit älteste Museum Mecklenburg-Vorpommerns u. a. Zeugnisse mittelalterlicher sakraler Kunst, Zunftgegenstände und Gemälde alter Meister. Kostbarstes Exponat des Kulturhistorischen Museums ist der sechzehnteilige Hiddenseer Goldschmuck aus dem 10. Jh. Das von der Stiftung Denkmalschutz restaurierte Krämerhaus in der Mönchstraße 38, das 600 Jahre Wohnkultur zeigt, ist dagegen das wohl größte Exponat dieses Museums.

Ozeanum: ein Haus für das Meer

Zwischen alten Speichergebäuden wölbt sich die leuchtend weiße Fassade des Ozeaneums wie ein Segel im Wind. Dieser lichtdurchströmte, 60 Mio. Euro teure Museumsbau zeigt in 45 zum Teil riesigen Aquarien die Unterwasserwelt der Nordmeere. Über 700 Tiere aus Nord- und Ostsee und dem Atlantik sind zu sehen. Das größte Aquarium, das Schwarmfischbecken mit Tausenden Heringen und Makrelen, fasst 2,6 Mio. Liter Wasser. Vom Gesang der Wale begleitet, wandelt man trockenen Fußes unter naturgetreuen Nachbildungen der Riesen der Meere. Auf der Dachterrasse watscheln Pinguine. Die Ausstellung über die Erforschung und Nutzung der Meere widmet sich aktuellen Themen der deutschen Meeresforschung.

Die Hanse – historischer Städtebund und blühende Handelsmacht in Europa

Die Zeit der ersten europäischen Wirtschaftsgemeinschaft fiel in das 13. bis 17. Jh. „Lasset uns tagfahren, denn das Kriegsfähnlein ist leichter aufgesteckt als wieder heruntergeholt", lautete das Motto der kräftebündelnden Vereinigung, Urbild für ein modernes Europa. Dass die Hanse so diplomatisch wie kampflustig ihre Privilegien verteidigte, war der damaligen Zeit geschuldet. Es gelang ihr, über die gemeinsamen Kontore einige Jahrhunderte lang große Teile des nordeuropäischen Handels zu kontrollieren. In den besten Zeiten waren um die 200 See- und Binnenstädte West- und Mitteleuropas, Englands, Skandinaviens, Osteuropas und Russlands in der Hanse vereint. Sie war aus den Fahrtgemeinschaften einzelner Kaufleute entstanden, die sich für den Ostseehandel zusammenschlossen und die Waren in Auslandskontoren etwa in Visby, Nowgorod oder Bergen lagerten. Ein stärkerer Schutzbund zur Wahrung der Handelsinteressen unter dem Leitsatz „Gemeinnutz geht vor Eigennutz" entstand in der zweiten Hälfte des 13. Jh. mit der Städtehanse. Primus inter pares war Lübeck, die reichsfreie Stadt.

Hansestädte sind Städte der Backsteingotik. Auch in Stralsund wuchsen Basiliken lübischer Art und demonstrierten das aufstrebende Selbstbewusstsein hanseatischer Bürger. Die Stadt am Strelasund wurde wichtiger Tagungsort der Hanse. Während

zwischen 1364 und 1370 die Ratssendboten in Lübeck und Rostock zu je zehn Tagungen zusammenkamen, fanden allein in Stralsund 16 Beratungen statt.

Die Hanse handelte und kämpfte

Am 24. Mai 1370 unterzeichneten im Stralsunder Rathaus die Abgesandten des im Kampf gegen die Hanse unterlegenen Dänenkönigs und Ratssendboten der einzelnen Hansestädte die Friedensurkunde, mit der die umfangreichen Privilegien der Hanse juristisch sanktioniert wurden. Der Friedens- und Privilegienvertrag und der Schadenersatz- und Garantievertrag gehören zu den wertvollsten Urkunden des Stralsunder Stadtarchivs. Die Hanse war nun auf dem Höhepunkt ihrer wirtschaftlichen und politischen Macht im Nord- und

Ostseeraum. Im 16. Jh. schwand die wirtschaftliche Kraft der Hanse und damit auch die politische Bedeutung der Hansestadt Stralsund. Innerstädtische Auseinandersetzungen, das starre Festhalten der hanseatischen Städte an den vorgegebenen handelspolitischen Rahmenbedingungen in Europa und die Verlagerung der Handelszentren an die Westküste des europäischen Kontinents nach der Entdeckung Amerikas drängten damals auch Stralsund an den Rand der wirtschaftlichen Bedeutungslosigkeit. Im Jahre 1669 fand in Lübeck der letzte Hansetag statt.

Einst beherrschten die Hansekaufleute mit ihren breitbäuchigen Koggen das Meer. Für den Kampf gegen die Piraten zuweilen auch mit Kanonen ausgestattet, waren sie stabil und hochseetauglich, konnten viel Fracht laden und kamen mit geringer Besatzung aus.

Bild im Hintergrund: Die Keramiktafeln in der Badstüberstraße in Stralsund lassen auch Blinde die historische Gestalt der Stadt erfassen.

Rügen – Deutschlands größte Insel

Flache Sandstrände, hohe Ufer, weiche Kreide, harter Feuerstein, rote Backsteinkirchen, weiße Bädervillen – Rügen ist eine Insel der vielen Gesichter.

Rügen, ein Archipel aus Halb- und Nebeninseln, auf dem sich das gesamte Spektrum typisch norddeutscher Landschaftsformen vereint, bietet auch vielen verschiedenen Urlaubssehnsüchten Raum, ob in Bistros und Bars oder beim Beachball in Binz oder auf einsamen Wanderungen über die Blumenwiesenhügel des Mönchguts im Südosten der Insel. Putbus lockt mit fürstlichem Bäderstil, die berühmten Kreidefelsen sind legendär. Während auf der Freilichtbühne von Ralswieck die Kämpfe um Störtebeker toben, geht in der

Die neue Brücke nach Rügen ging 2007 als „Jahrhundertbauwerk" und längstes Brückenwerk Deutschlands in Stralsunds jüngste Geschichte ein. Der verantwortliche Architekt André Keipke hatte ein schwere Aufgabe zu lösen, die Brücke durfte der Altstadt Stralsunds nicht die Schau stehlen. Dies gelang, indem die optisch leichtere (aber auch teurere) Form einer Schrägseilbrücke ausgeführt wurde.

Stille des Nordens vor Kap Arkona die Sonne unter. Die Insel ist fast so groß wie Berlin, es leben aber nur etwa 70 000 Menschen auf ihr – viel Platz also für die zahlreichen Gäste vom Festland, die Rügen vor allem während der Sommermonate seit Beginn des Badetourismus im 19. Jh. aufsuchen. „Freilich muss man Rügen allein besuchen! Man muss sich still und treu dieser monotonen Natur überlassen, einsam an den hallenden Buchten die anrollende Meereswoge betrachten, den Flug der Möwen, der Kraniche und Schwäne verfolgen, dem Rauschen oder Donner der Brandung gehorchen, in den dichten Buchenwäldern um die Denkmale alter nordischer Vorzeit schweifen und von den gewaltigen Kreideklippen dann wieder die fernhin segelnden Schiffe über die farbwechselnde Meeresflut mit Blicken begleiten, und dann, glaube ich, regt dieses Leben in uns mancherlei auf, wovon die Früchte noch in späten Tage erfreulich sind", schrieb 1818 der Arzt, Maler und Naturphilosoph Carl Gustav Carus. Heute reisen über eine Million Urlauber jährlich auf die fast 1000 km² große Insel, im Hochsommer herrscht daher an manchen Promenaden und einigen Stränden Hochbetrieb, andernorts hingegen ist die Insel auch zu dieser Zeit nahezu menschenleer, man kann gut die Seele baumeln lassen.

Die meisten Urlauber reisen mit dem Auto auf die Insel und queren über eine hohe Brücke den Strelasund, der die Insel vom Festland trennt. Früher musste man lange Schlange stehen, um in das Ferienparadies zu gelangen. Kilometerweit staute sich im Sommer der Verkehr. Mehrmals am Tag wurde nämlich ein Teils des Verbindungsbauwerks über den an dieser Stelle 2,5 km breiten Sund hochgeklappt, um die Schiffe gemächlich passieren zu lassen. Der Ruf nach einer neuen Rügenbrücke wurde laut.

Einer der schönsten Wanderwege Deutschlands führt als Hochuferweg durch den Nationalpark Jasmund. Auf den etwa 12 km zwischen Sassnitz und Lohme bieten sich beeindruckende Aussichten auf die Kreideküste und die Ostsee.

Auch die damalige Bundesumweltministerin Angela Merkel, mit Wahlkreis auf Rügen, pladierte für eine zweite Rügenquerung. So entstand zwischen 2004 und 2007 für rund 125 Mio. Euro Deutschlands größte Schrägseil brücke – ganz im Einklang mit Stralsunds Status als UNESCO-Weltkultur erbe. „Staunen, nicht stauen", titelte das Magazin *Der Spiegel* euphorisch.

180 000 t Beton und 22 000 t Stahl wurden zum höchsten Wahrzeichen Stralsunds verbaut.

Eine Megabrücke entstand, insgesamt 4100 m lang. Das Kernstück dieses imposanten Bauwerks ist ein fili gran wirkender 127,75 m hoher Pylon. Zur Eröffnung am 20. Oktober 2007 schnitt Bundeskanzlerin Angela Merkel das symbolische Eröffnungsband durch und bezeichnete den Neubau als architektonisches Meisterwerk, das spannende Blicke auf die größte deutsche Insel und das Festland ermögliche.

Eine Brücke voller Schwung, eine Architekturleistung, die Schönheit und Nutzen vereint.

Alleen – Traumwege nach und auf Rügen

Wie ein Zeittunnel aus Blättern, Zweigen und mächtigen Baumstämmen zieht sich die Chaussee von Sellin nach Lancken-Granitz. An der alten Bäderstraße nach Putbus rahmen zwischen Kasnevitz und Garz Linden Ahornbäume die Chaussee. Auf dem Asphalt tanzen Sonnenflecken. Flirrende Helligkeit wechselt mit dunklem Grün; Postkutschenkulisse mit Cabrio-Atmosphäre. Der Himmel über dem Gefährt ist grün, ein geschlossenes Dach aus Laub, das auf romantische Gemüter entschleunigend wirkt.

Seit 2007 fließt der Urlauberverkehr über die Rügenbrücke. Die neue Strelasundquerung entlastet den Rügendamm, der lange Zeit auch für den Schiffsverkehr zeitraubendes Nadelöhr war. Die Silhouetten von Segeljachten sollen den Architekt André Keipke zu dieser Konstruktion inspiriert haben.

Eine idyllische Kastanienallee führt hinauf zum Jagdschloss Granitz – einer von vielen für Rügen typischen Baumtunneln und zugleich Beginn der Deutschen Alleenstraße.

Durch diese Alleen möchte man eigentlich lieber gehen als fahren. Hier ahnt man noch den Ursprung des Begriffes „allée", der erstmals 1536 auftauchte. In ihm steckt das französische „aller", im Sinne von „gehen". Eine Allee war ursprünglich keine Fahr-, sondern eine Gehbahn. In den schmalen Alleen Rügens beginnt der Urlaub schon auf der Straße.

Die alten Bäume sind nicht nur schön, sondern auch nützlich. Sie sorgen für frische Luft. Eine für die Rügenschen Alleen typische Rotbuche kann pro Tag 13 kg Sauerstoff produzieren. Vögel zwitschern in den Zweigen, Bienen summen. Bis zu 140 Insekten- und Vogelarten bevölkern solch alte Wege übers Land. Über 23 000 km Alleen gibt es noch in Deutschland.

Mit mehr als 4000 km Alleen ist Mecklenburg-Vorpommern nach Brandenburg das an Straßenbäumen reichste Land. Über 400 km schöner Alleen und einseitig bepflanzter Halballeen gibt es auf Rügen, wo auch die Deutsche Alleenstraße beginnt. Wie ein grünes Band zieht sie sich über 2500 km vom Südosten der Insel bis an den Bodensee. Initiator war 1993 der ADAC. Gemeinsam mit der Schutzgemeinschaft Deutscher Wald, dem Kuratorium „Alte liebenswerte Bäume" und verschiedenen Tourismusverbänden setzten sie so den alten Bäumen als Kulturerbe ein besonderes Denkmal. Doch sind die Alleen damit nicht außer Gefahr. „Oft werden Alleen bei Pflegemaßnahmen, also etwa beim Ausästen, unsachgemäß behandelt", mahnt der NABU Rügen. Auch Streusalz und Eingriffe im Wurzelbereich bedrohen die Bäume. Um dem Baumsterben entgegenzuwirken, wurden inzwischen mehr als 19 000 Bäume gepflanzt, zum Teil allerdings auf Ausgleichsflächen. Baumpatenschaften wurden übernommen. 2009 wurde ein erster „Urlauberbaum" an der Dorfstraße von Klein Kubitz gepflanzt. Zwei Jahre zuvor hatte hier ein Sturm große Lücken in die Ahornallee gerissen. Seit vielen Jahren macht auch der Verein Tour d' Allée Rügen mit seinem großen Radsportevent auf Rügens herrliche Alleen aufmerksam. In Mecklenburg-Vorpommern wurde bereits 1993 der Alleenschutz in der Landesverfassung verankert. 1998 hat man im Landesnaturschutzgesetz die Verpflichtung zur Neupflanzung von Alleebäumen festgeschrieben.

Rügens Südwesten: verträumte Dörfer und fruchtbares Ackerland

Über die Deutsche Alleenstraße geht es direkt in die kleinste und zugleich älteste Stadt der Insel, nach Garz. 1317 erhielt diese Gemeinde, einst Sitz der Ranenfürsten, als erster Ort auf Rügen das Stadtrecht. Dennoch ist Garz eher ein großes, ruhiges Dorf geblieben, dessen Sehenswürdigkeiten die Kirche aus der Mitte des 14. Jh. und das Pfarrhaus sind, ein schöner eingeschossiger Fachwerkbau unter strohgedecktem Krüppelwalmdach.

Einst stand hier eine mächtige Burg – Charenza genannt. Der alte Burgwall ist noch erhalten, in seiner Nähe befindet sich seit 1937 das Ernst-

Idyllisch in die grüne Landschaft eingebettet liegt Garz, die älteste Stadt Rügens. Um 1648 wurde der Spitzturm der Kirche bei einem Sturm zerstört und durch den heutigen Turm ersetzt.

Moritz-Arndt-Museum, das älteste kulturhistorische Museum der Insel
Rügen. Geboren aber wurde Ernst Moritz Arndt 1769 wenige Kilometer
südlich in Groß Schoritz, am Zugang zur Halbinsel Zudar, die fruchtbares
Ackerland bietet und wenig Bäume. Goldener Weizen wogt im Sommerwind.
In der Schoritzer, der Puddeminer und der Glewitzer Wiek tummeln sich
reichlich Fische. In Poseritz und Gustow strecken sich gotische Backsteinkirchen dem Himmel entgegen. Zudar ist zudem der Name des größten Ortes
auf der Halbinsel zwischen Schoritzer Wiek und dem Rügischen Bodden,
einem Nordzipfel des Greifswalder Boddens. Die St.-Laurentius-Kirche aus
dem 14. Jh. war einst eine berühmte Wallfahrtskirche, allerdings schwand
der Glauben an die Kraft des wundertätigen Marienbilds im Jahr 1372, ein
Pilgerschiff war im Strelasund untergegangen.

Auf der 18 km² großen Halbinsel Zudar gibt es nur wenige Dörfer, dafür viel Landschaft abseits ausgetretener Touristenwege. Der 12 m hohe Leuchtturm am Strelasund wurde 1934 errichtet. Man erreicht ihn vom Dorf Maltzien aus.

Groß Schoritz – „ein glänzend geschmücktes Haus"

„Schoritz war höchst anmutig hart an einer Meeresbucht gelegen, welche die
Halbinsel Zudar von der größeren Insel abschneidet; ein neues, noch glän-
zend geschmücktes Haus; ein großer Blumengarten und mehrere Baumgär-
ten", schreibt Ernst Moritz Arndt, der berühmteste Sohn der Insel, in seinen
Erinnerungen aus dem äußeren Leben. Sein Vater war einer der wenigen, der
sich damals aus der Leibeigenschaft hatte freikaufen können. Der Sohn,
frei geboren, nahm sich leidenschaftlich des Themas Leibeigenschaft an.
Mit seinem wohl bekanntesten Werk von 1803, dem anklagenden *Versuch
einer Geschichte der Leibeigenschaft in Pommern und Rügen*, machte er sich
beim Junkertum recht unbeliebt. „Die Leibeigenschaft ist ein Unrecht",

„Hier ist E. M. Arndt am 26. Dez. 1769 geboren", steht am Gutshaus in Groß Schoritz in großen Lettern geschrieben; es ist heute Gedenkstätte für den bekannten Schriftsteller.

Reich an Historie und Kunstschätzen zählt die Marienkirche in Bergen zu den „national wertvollen Kulturdenkmälern". Im Herbst 1989 trugen die wöchentlichen Friedensandachten in der Marienkirche ihren Teil zur friedlichen Wende auf Rügen bei.

schrieb er „Die freie, fortschreitende Gesellschaft will freie Bauern des Landes. Was einst erlaubt war, ist es nicht mehr für unsere Zeit; wir haben vom menschlichen und politischen Unrecht ein Wissen und Gewissen ganz anderer Art als unsere Väter; wir sollen auch Bürger sein in einem anderen Sinne als unsere Väter." Beim schwedischen König angeklagt – Rügen gehörte damals noch zu Schweden –, soll jener geantwortet haben: „Wenn dem so ist, so hat der Mann recht."

Am 4. Juli 1806 wurde die Leibeigenschaft auf Rügen durch ein königliches Edikt formell aufgehoben. Seit 1818 als Professor für Geschichte an der Rheinischen Friedrich-Wilhelms-Universität in Bonn tätig, erhielt Arndt wegen seiner Kritik an den politischen Zuständen im Preußen der Restaurationszeit Vorlesungsverbot und geriet in den Strudel der Demagogenverfolgung. Vom Preußenkönig 1840 rehabilitiert, zog der Verfechter des preußischen Kaisertums in die Frankfurter Nationalversammlung ein. Noch in Bonn sang der 73-Jährige sein Hohelied auf Rügen: „O Land der dunklen Haine/O Glanz der blauen See,/O Eiland das ich meine,/Wie tut's nach Dir mir weh!/Nach Flüchten und nach Zügen/Weit über Land und Meer,/Mein trautes Ländchen Rügen,/Wie mahnst du mich so sehr!" 1860 starb Arndt in Bonn. Die 1992 gegründete Ernst-Moritz-Arndt-Gesellschaft ließ das über 250 Jahre alte Geburtshaus in Groß Schoritz restaurieren.

Muttland: Bergen – die Inselmitte

Das Muttland ist Zentralrügen, der „dicke" Mittelteil der Insel, an den sich die kleineren Halbinseln klammern. Im nahezu geografischen Mittelpunkt liegt Bergen, die Inselhauptstadt.

Der Name Bergen oder Villa Montis, wie der Ort in über 800 Jahre alten Urkunden bezeichnet wurde, ist durchaus wörtlich zu verstehen. In der heutigen Kreisstadt auf dem Bergener Hügelland geht es mitunter so steil auf und ab, dass man sich sogar eine Sommerrodelbahn leisten kann. Die liebliche Silhouette aber bestimmt die Turmspitze der Marienkirche, der ältesten Kirche Rügens, die Jaromar I., einst Stammesfürst der heidnischen Ranen, dann Lehnsherr der siegreichen Dänen und erster Christenfürst, schon ab 1180 erbauen ließ. Dem selbstbewussten Fürsten, der kurz zuvor die Marienkirche in Lübeck gesehen hatte, schwebte eine Art Königspfalz vor. Zur Strafe für seinen Hochmut befahlen die dänischen Hausherren den Umbau der unvollendeten Palastkirche zur Klosterkirche des ihm nun anbefohlenen Benediktinerinnenkonvents. Im Chor und im Querschiff des 1193 geweihten Gotteshauses zeigen spätromanische Fresken die Schrecken der Hölle und die Wonnen des Paradieses, die allerdings Ende des 19. Jh. stellenweise verfälschend ergänzt wurden. Die Beichtstühle und die Kanzel, die aus dem 18. Jh. stammen, zählen zu den wichtigsten Schmuckstücken der Innenausstattung. Der slawische Bildstein in der äußeren Westwand der Marienkirche gilt als Jaromars Grabstein. Die Nachfolger des Fürsten, darunter auch Wizlaw III., der einzige bekannte Minnesänger Norddeutschlands und letzter des rügenschen Fürstengeschlechtes, verlegten den Regierungssitz nach Barth. Das ist erwähnenswert, weil kaum bekannt ist, dass die politische Region Rügen sich einst bis auf das Festland erstreckte.

Der Ernst-Moritz-Arndt-Turm ist das Wahrzeichen der Inselhauptstadt Bergen. Die Glaskuppel erlaubt einen ungestörten Rundblick. Im Turm kümmert sich ein Café um das leibliche Wohl der Besucher.

Treppen steigen auf dem Rugard

Höhepunkt der Stadt ist buchstäblich der 91 m hohe, bewaldete Rugard. 1813 wurden hier im Auftrag des Fürsten zu Putbus die ersten Bäume gepflanzt, Wege angelegt und Bänke aufgestellt. Einst stand auf dem Berg eine Fürstenburg der Ranen, seit 1876 wird er vom 27 m hohen Ernst-Moritz-Arndt-Turm bekrönt. „Herrlich ragt nicht fern der Rugard, das Auge des Landes, wo in verdämmerter Zeit weiland die Herrscher getrohnt – Bergen, das Städtchen daran bewohnt von gastlichen Menschen", so dichtete Ernst Moritz Arndt. Zu Ehren dieses Poeten und Patrioten beauftragten die Bergener den ortsansässigen Baumeister Eckert mit der Errichtung des Rugardturms. Um dem „Sänger der deutschen Freiheitskriege" ein Denkmal zu stiften, hatten sie zuvor überall im Kaiserreich um Spenden gebeten. Der Turm wurde von einer mit einem Kupferblech eingedeckten Kuppel bekront, die 1944 einer Flakstellung weichen musste. 1954 bekam der Turm wieder ein Dach. Später wurde das Schieferdach durch eine Glaskuppel ersetzt. Eine wahrhaft weitsichtige Entscheidung, denn nun können Besucher die Höhe des Backsteinturms über 80 Stufen erklimmen und bei gutem Wetter eine Aussicht bis nach Hiddensee und Stralsund genießen.

Im Westen: Brückenort Altefähr und Angerdorf Gingst

Zwei Orte mit Tradition, von der sich in dem einen eine Fährverbindung und im anderen ein Museumshof erhalten haben, bieten sich als Ausflugsziele an – am besten zur Kaffeezeit.

„Ein schöner Anblick ist Stralsund von Rügen mit seinen hohen und gotischen Türmen, dem wunderbar gebauten Rathaus und den vielen spitzen Giebeln mit durchbrochenem Mauerwerk", schrieb einst Wilhem von Humboldt. Von keinem Ort auf Rügen zeigt sich das mittelalterliche Panorama der Stadt so eindrucksvoll, wie von Altefähr aus, dem alten Fährdorf im Südwesten der Insel. Der Parkplatz liegt direkt am Hafen, in dem Fischersowie Freizeitboote dümpeln und Surfer sich zum Tanz mit dem Wind rüsten. Hübsch ist der Anblick der kleine Schifferkirche aus dem 15. Jh. Doch die Cafés haben ihre Stühle mit Blick zum Wasser aufgestellt. Wenn im Frühjahr zahllose Angler mit ihren Schlauchbooten, Kähnen und Jachten im

Das alte Fährdorf Altefähr kuschelt sich an das Ufer des Strelasund. Damit man die Zeit auch vom Wasser aus erkennen kann, wurden die Ziffernblätter der Kirchturmuhr über Eck angebracht.

Strelasund den Heringsschwärmen auflauern, ist Altefähr ein beliebter Ausgangspunkt. Von den großen Touristenströmem aber liegt das Dorf seit dem Bau des Rügendamms im Jahr 1936 weit entfernt. Bis dahin war Altefähr der wichtigste Verbindungsort zwischen Rügen und Stralsund gewesen. Schon 1240, beim Verkauf der „Feldmark des an Stralsund anstoßenden Dorfes" für 90 Mark rügenscher Münze durch den Rügenschen Fürsten Witzlaw I. an Stralsund, wird Fährdorf als Ort „bei der ollen Fähre" genannt.

Zwei Versuche, eine Brücke über den Strelasund zu bauen, wurden im 16. Jh. sowohl von den Fährleuten als auch von den Hanseaten sabotiert. Das machte sich spätestens im 19. Jh. gut bezahlt. 1883 nahmen die beiden Schiffe *Prinz Heinrich* und *Rügen* den Eisenbahnfährbetrieb auf. Dieser wurde ab 1909 immerhin Teil der Schnellzugverbindung Berlin–Stockholm, die die Fährverbindung der Königslinie Sassnitz–Trelleborg mit einschloss. Doch bereits 1911 kamen die ersten Forderungen nach dem Bau eines Eisenbahn- und Straßendamms über den Sund auf. Heute verkehrt von Mai bis September nur noch eine kleine Personenfähre zwischen Altefähr und Stralsund.

Die Jacobikirche in Gingst ist die zweitgrößte auf der Insel Rügen. Das spätgotische Gotteshaus (oben links) und die „Historischen Handwerkerstuben" (oben) haben sicherlich dazu beigetragen, dass Gingst bereits mehrmals zum schönsten Dorf der Insel Rügen gekürt werden konnte.

Das Dorf der Handwerker

Das große Angerdorf Gingst im Nordwesten der Inselmitte wurde 1232 als *Ghynxt* erstmals urkundlich erwähnt. Bis heute nährt sich der Ruf des Dorfes von alter Handwerkstradition. Böttcher, Schneider, Stellmacher, Sattler und vor allem Weber hatten hier ihre Werkstätten. 32 Zünfte waren mit ihren Zeichen an den Wänden der spätgotischen St.-Jacobi-Kirche verewigt. Ein idyllischer Ort und beliebtes Ausflugsziel ist das Ensemble der Historischen Handwerkerstuben mit den alten Werkstätten von Schuhmacher, Schneider, Weißnäherin und Friseur. Im Efeuhaus erfährt man von Präpositus Gottlieb

Architektur in lebendigem Stil- und Formenmix: strahlend und lebensfroh

Bäderarchitektur, das ist eine zauberhafte Kulisse mondänen gesellschaftlichen Lebens, zu der auch Musikpavillons und Seebrücken gehören. Es ist eine heitere, verspielte Architektur, entstanden im 19. Jh., die sich reichlich mit Erkern, Balkonen, Treppen und filigranen Gittern und Geländern schmückt. Hier ein Renaissancegiebel, dort ein gotisch anmutendes Türmchen, dazu ein paar Säulen, wie sie auch in Athen oder Rom zu sehen sein könnten.

Der Kunst- und Bauhistoriker Klaus Winands vom Landesamt für Denkmalpflege Mecklenburg-Vorpommern definiert den Begriff so: „Bäder-architektur ist weder Stilrichtung noch spezifische Baugattung, sie zeichnet sich vielmehr durch verschiedene Komponenten von Stilen, Ausstattung und Nutzungsarten aus, die in Hinblick auf ihren Zweck zusammengefasst werden können." Der Zweck also heiligt die Stilmittel und dieser liegt darin, in der Sommerfrische in gediegenem Ambiente logieren zu können.

Der Drang, hübsche Häuser für die Sommerfrische an die Ostsee zu stellen, schwappte vom ersten deutschen Seebad Heiligendamm auf dem Festland zunächst auf die Insel Rügen über. Sassnitz, dann Binz, Göhren, Sellin entfalteten ihre Bäderpracht. Mit Häu-sern wie der Binzer Villa Undine mischte sich eine besondere architektonische Spielart aus dunklem Holz in die helle Seebäderkulisse. Es handelt sich um ein sogenanntes Wolgasthaus, errichtet aus Fertigbauteilen.

Frühe Fertighäuser

Diese frühen Vorboten der Fertighäuser, die dann vor allem in den 1960er-Jahren beliebt wurden, stellte Ende des 19. Jh. die Wolgaster Actien-Gesellschaft für Holzbearbeitung her. 1893 stand auf der Weltausstellung im fernen Chicago eines dieser Häuser und zog die Aufmerksamkeit eines internationalen Publikums auf sich.

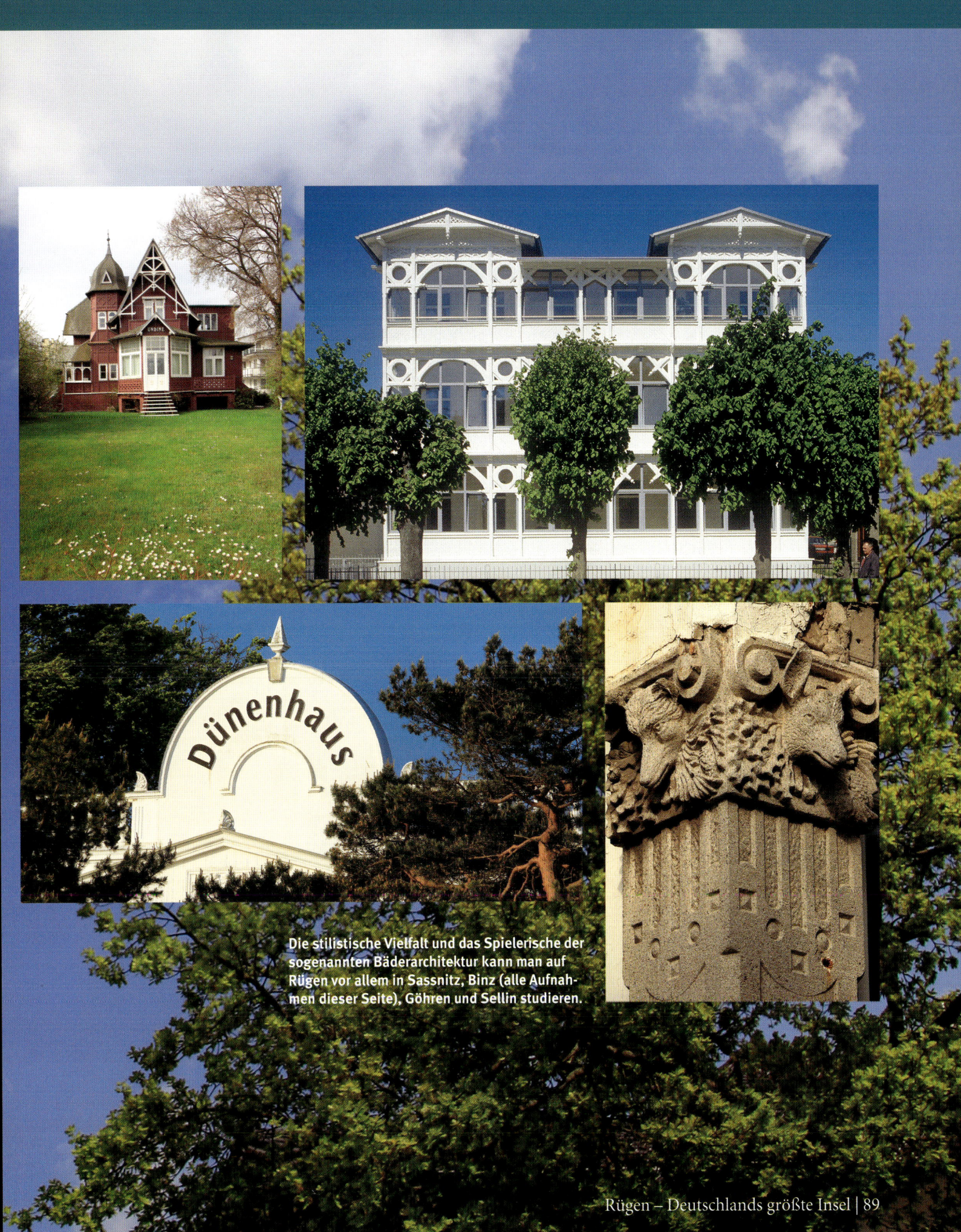

Die stilistische Vielfalt und das Spielerische der sogenannten Bäderarchitektur kann man auf Rügen vor allem in Sassnitz, Binz (alle Aufnahmen dieser Seite), Göhren und Sellin studieren.

Picht (1706–1810). Er hob 1774 die Leibeigenschaft in seinem Teil des Orts auf und förderte die Ansiedlung von Hauswebereien sowie die Schulbildung der Kinder. Die beiden Fachwerkhäuser aus dem 18. Jh. sind perfekte Kulisse für die Marktstände, an denen u. a. im Sommer Obst und Gemüse aus der Region angeboten wird. Ein idyllischer Ort der Ruhe ist das Museumscafé auf der Wiese am Ortsrand.

Rügens Südosten: Klassische Ostseebäder

Planschen, plaudern, promenieren: Binz, Göhren und Sellin bilden das gesellige „Bäderdreigestirn" im Südosten der Insel.

Die Diva dieses Rügenschen Bäderdreigestirns ist Binz. Architektonische Bäderzeitnostalgie, Beachpartys und Boutiquen gehen hier eine unterhaltsame Symbiose ein. Bis 1910 entwickelte sich der Ort zum nobelsten Seebad der Insel. Wohin man schaut, weiße Fassaden mit Balkonen, Veranden, Erkern und Türmchen. Auf der Strandpromenade flanieren die Gäste, wilhelminische Bädervillen ruhen gediegen, der gepflegte bis zu 80 m breite Strand ist belebt. Kaum vorstellbar, dass Binz einst ein Fischer- und Bauerndörfchen war. 1318 erstmals als *Byntze* erwähnt, wurde es 1885 offiziell als Badeort anerkannt. Die „Actiengesellschaft Ostseebad Binz" investierte Unsummen

In den 1920er-Jahren traf man sich im Kurhaus zu rauschenden Bällen, heute repräsentiert es als Luxushotel die mondäne Seite von Binz.

in den gastfreundlichen Ausbau des Ortes. Strandpromenade, Seebrücke und das Kurhaus entstanden. „Capri" oder
„Sorrent" wurde Binz bald genannt. Der Vergleich mit den
Stätten des Südens war höchstes Lob für die Badeorte an
der Ostsee. Bereits 1886 konnte Binz 2000 Gäste verbu-
chen. Treffend schilderte 1912 eine österreichische Zeitung
das Binzer Badeleben: „Die meisten Ostseebäder – Binz
kann als Muster dienen – haben eine günstige Lage mit
hübscher Umgebung, einen breiten Strand, und, was besonders wichtig ist, einen nicht zu großen Wellenschlag
und schönes klares Wasser, durch das man bis zu großer
Tiefe sehen kann. Binz liegt an der Ostseite Rügens, inmitten einer waldumsäumten Bucht, dem Prorer Wiek. Es hat
hübsche Straßen mit vielen freundlichen Villen und großen Hotels, welche letztere meist an der breiten, vorneh-
men Strandpromenade liegen. Die Gemeindeverwaltung
hat sehr viel für die Hebung des Bades getan. Erwähnt sei
hier nur die 600 m lange, in die See reichende Landungs-
brücke …" 1942 wurde die Seebrücke allerdings durch
Eisgang zerstört.

Nach dem Zweiten Weltkrieg fluteten Flüchtlings-
ströme in die Ferienorte. Viele der nur für den Sommer
eingerichteten Binzer Pensionen wurden in dieser Zeit der
Wohnungsnot zu unzulänglichen Behausungen. Doch
bereits 1946 flanierten auch die ersten Urlauber wieder
über die Strandpromenade. 1950 übernahm die SDAG
(Sowjetisch-Deutsche Aktiengesellschaft) Wismut, drei
Jahre später auch der staatlich gelenkte Feriendienst den
Ort. Nach der Wende haben Alt- und noch mehr Neu-
eigentümer aus der einst verschlafenen FDGB-Oase einen
schmucken und lebendigen Ort wiedererstehen lassen.

Sehen und gesehen werden

„Auf der breiten Strandpromenade wogen Tausende von
Menschen bei den Klängen der Kurkapelle auf und nieder,
und hat man dieses sinnverwirrende Treiben einige Zeit genossen, sucht man
sich gern eine stille Bank, um von ihr das Strandleben in Ruhe zu beobachten", schrieb Anfang des 20. Jh. der österreichische Lehrer F. M. Breucr.
Heute wie damals flaniert man auf dem Kurplatz durch Wandelhallen und
lauscht den Konzerten im Musikpavillon. In blau-weißen Marktständen
bieten Schmuckdesigner und Glasbläser ihre exklusiven Stücke an. 1993
wurde die Binzer Strandpromenade neu gestaltet und dabei um 700 m ver-
längert und mit Linden bepflanzt. Ein über 3,2 km langer Laufsteg zum

Das Jagdschloss Granitz

Im etwa 1 000 ha großen Waldgebiet der
Granitz, das zum Biosphärenreservat Südost-
Rügen gehört, steht auf dem Tempelberg das
einstige Jagdschloss des Fürsten Wilhelm
Malte I. zu Putbus. Von 1837 bis 1846 wurde
der verputzte Backsteinbau vom Berliner Architekten Johann Gottfried Steinmeyer erbaut. Später wünschte sich der Fürst an
Stelle des geplanten Lichthofes den nach-
träglichen Einbau eines Aussichtsturms.
Weithin sichtbar wird die Bergkuppe vom
38 m hohe Mittelturm überragt, den der Berliner Baumeister Karl Friedrich Schinkel entwarf. Eine schwindelerregende, filigrane
Eisengusstreppe führt 154 Stufen hoch zur
schönsten Aussicht über die Insel. Das
Schloss beherbergt heute ein Museum zur
Geschichte des Hauses und der Region. Auf
den Schlossberg kommt man nur zu Fuß oder
mit dem Jagdschlossexpress, der an der Binzer Seebrücke und am Parkplatz Binz-Ost unterhalb des Schlosses startet.

Auf 750 mm Spurbreite im Blümchenpflückertempo über die Insel

Es war ein Quantensprung des Reisens, als am 22. Juli 1895 der erste Abschnitt des *Rasenden Roland* von Putbus nach Binz als Schmalspurbahn eröffnet wurde. Bis 1899 erweiterte die Rügensche Kleinbahn-Aktiengesellschaft (RüKB AG) das Schienennetz auf 97,3 km Länge. Eine Strecke führte nun von Altefähr über Putbus bis nach Göhren, die andere von Altenkirchen über die Wittower Fähre bis nach Bergen. Die Sprengung des Rügendamms brachte den Bahnverkehr nach dem Zweiten Weltkrieg

fast zum Erliegen. Dafür blieb der Bahn das Los erspart, als Reparationsleistung in die Sowjetunion reisen zu müssen. Ab 1949 wurde sie von der Deutschen Reichsbahn betrieben. Die Zeit des Massentourismus strapazierte Waggons und Lokomotiven. Mit zunehmendem Urlauberverkehr rollten aber auch immer mehr Autos über die Rügener Straßen, und der DDR-Verkehrsminister beschloss, Roland aus dem Gleis zu werfen. So kam 1967 das Aus für die Verbindung Altefähr–Putbus (heute kann man auf dem alten Bahndamm

von Putbus Richtung Garz radeln). Im September 1968 wurde die Nordstrecke Fährhof–Altenkirchen stillgelegt. 1969 endete auch der Betrieb der Strecke Bergen–Wittower Fähre.

Der Kampf um die Zukunft

Als Mitte der 1970er-Jahre die Kleinbahn auf ihre letzte Reise gehen sollte, zogen Eisenbahnfreunde die Notbremse. Bei den damaligen Lokalpolitikern siegte die Liebe zur Kleinbahn über die Angst vor großen Tieren, und so kollaborierte man mit dem damali-

gen publizistischen Volksventil, der beliebten Satirezeitschrift *Eulenspiegel*. Öffentlichkeit half in diesem Fall. Die Strecke Putbus–Göhren wurde 1976 zum Denkmal der Produktions- und Verkehrsgeschichte erklärt. 1996 übernahm die neu gegründete Rügensche Kleinbahn GmbH den Betrieb, 2008 die Eisenbahn-Bau- und Betriebsgesellschaft Pressnitztalbahn mbH.

So „rast" Roland noch immer über die Insel mit Höchstgeschwindigkeit 30 km/h. Dick und dunkel quillt der Qualm aus dem Schornstein der Lok. Entgegen ausdrücklicher Ermahnungen stehen die Reisenden mit Vorliebe auf offener Plattform. 24,4 km und 13 Stationen liegen zwischen Putbus und Göhren. An 100 Tagen im Jahr fährt der Zug auch über Putbus hinaus bis zum Hafen von Lauterbach.

Der helle Signalton des *Rasenden Roland* gehört zu Rügen wie das Geschrei der Möwen. Die Bezeichnung „rasend" ist natürlich Ironie. So ist diese Schmalspurbahn schon seit längerem mehr Gegenstand der Zuneigung als reines Transportmittel.

Sehen und Gesehen werden. Seit dem Jahr 1994 kann man in Binz ebenfalls über die neue 370 m lange Seebrücke flanieren.

Sellin – Seebad mit neuer Seebrücke

Mit den mächtigen Höhenzügen der Granitz ist das Ostseebad Sellin gut gegen raue Nord- und Westwinde geschützt. Die von wilhelminischen Villen flankierte Wilhelmstraße, die in dem zweitgrößten Ostseebad der Insel in Ermangelung einer langen Strandpromenade die Funktion der Flaniermeile übernimmt, beginnt in der Nähe des Selliner Sees und endet abrupt am steilen Ostseeufer. Tief unten am Brandungssaum entfaltet die Seeliner Seebrücke ihren Zauber. Man kann nicht über Sellin sprechen, ohne zunächst dieses märchenhaft anmutende Bauwerk zu erwähnen. Sie ist ein magischer Anziehungspunkt für alle Gäste – man fürchtet, sie würde gleich wieder im Meer untergehen. Die Stufen der „Himmelsleiter" führen steil hinab zum Strand. Wer die Freitreppe scheut, kann mit einem Fahrstuhl barrierefrei den Höhenunterschied von 70 m bewältigen. Bereits 1901 gab es eine Seebrücke in Sellin, die sich mit ihren 60 m jedoch als zu kurz erwies, sodass bereits 1905 eine achtmal längere gebaut wurde. 1924 zerstörte das Eis dieses Bauwerk, wie auch 1942 den Anleger des Nachfolgebaus. Plattform, Konditorei, Konzertmuschel und die einstige Lesehalle des Berliner Lokalan-

Sellins Seebrücke bietet nicht nur optisches, sondern auch kulinarisches Vergnügen. Sie ist eine von nur drei Seebrücken in Deutschland, auf denen ein Restaurant die Gäste erwartet.

Das ehemalige Fischer- und Lotsendorf Göhren schiebt sich weit in das Meer hinaus. Ungehindert fegt der Wind über den Landsporn und zerzaust die Kiefern und Birken.

zeigers wurden 1954 zum Tanzlokal umgebaut. Getanzt wurde bis zur baupolizeilichen Sperrung 1974. Vier Jahre später wurde das Bauwerk abgerissen. Sellin verlor sein schönstes Wahrzeichen. Der alte Strandfotograf Hans Knospe aber hielt mit seinen Bildern die Erinnerung daran wach. 80 Jahre lang lichtete der Fotograf das Badeleben ab. So auch die Schönheit und den schleichenden Verfall der Seebrücke. 1999 feierte der Fotograf seinen 100. Geburtstag und konnte somit die Wiedereröffnung der Seebrücke ein Jahr vor seinem Tod noch erleben. Nach dem historischen Vorbild der 1920er-Jahre gebaut, erstrahlt die Selliner Seebrücke in neuer Schönheit und ist mit ihren verspielten Aufbauten eines der originellsten Zeugnisse der Rügener Bäderarchitektur. Nun ist die Seebrücke zwar nur noch 394 m lang, hat aber zwei Schiffsanleger, von denen aus man mit Ausflugsschiffen zu den andern Seebädern Rügens, z. B. nach Binz und Göhren, schippern kann.

Göhren – ein Seebad mit zwei Stränden

Auch Göhren, das Ostseebad auf dem waldigen Nordperd, hat sich noch viel Bausubstanz aus der guten alten Bäderzeit bewahrt. Der Name des Ortes, der als Fischerdörfchen erstmals 1165 urkundlich genannt wurde, stammt aus dem Slawischen und bedeutet soviel wie Berg, was die Lage Göhrens ganz gut beschreibt. Das 1878 offiziell zum Seebad und 2007 zum Kneipp-Kurort ernannte Göhren kann mit zwei Stränden werben: mit dem belebten Nordstrand mit Bernsteinpromenade, Seebrücke und Kurpark und mit dem stilleren naturbelassenen Südstrand. Dazwischen schiebt sich das Nordperd, eine bewaldete Landzunge, tief in die Ostsee hinein. Mit 60 m über dem Meeresspiegel ist es die höchste Erhebung Göhrens und zugleich der östlichste Punkt der Insel. Vom Kliff aus kann man weit über die Ostsee schauen.

Vor dem Nordstrand liegt ein gewaltiger Findling im Meer, der Buskam, was vom altslawischen „bogis kamien" abgeleitet soviel wie „Gottesstein" heißen könnte. Der etwa 1600 t schwere und 40 m dicke Felsbrocken gilt als der mächtigste Granitblock an der deutschen Ostseeküste. In der Walpurgisnacht sollen Hexen auf ihm tanzen, hin und wieder auch eine Seejungfau, zumeist aber sind es nur Kormorane, die hier ihre schwarzen Flügel weit ausbreiten, damit sie im Wind trocknen.

Das Zentrum des Orts ist die 350 m lange Seebrücke aus dem Jahr 1993. Den kulturellen Mittelpunkt bildet das Heimatmuseum in einem denkmalgeschützten rohrgedeckten Bauern-, Fischer- und Lotsenhaus aus der Mitte

Seebrücken – Verbindung zum Meer

Nu könn' se uff'n Wasser loofen, stand an Berliner Litfasssäulen, als 1893 die Heringsdorfer Seebrücke eingeweiht wurde, die den Badegästen, die bislang zum Anlanden von kräftigen Fischern ausgebootet wurden, eine komfortablere Anreise ermöglichen sollte. Insgesamt 19 Seebrücken gibt es heute an der Küste Mecklenburg-Vorpommerns. Mit 505 m gilt die neue Heringsdorfer Seebrücke als die längste auf dem europäischen Festland. Die zweitlängste Seebrücke Rügens führt in Binz 370 m weit auf das Meer hinaus. Die Seebrücke von Göhren ist 270 m lang. Die Seebrücke von Sellin, die längste der Insel, wurde nach der Wende wieder aufgebaut und ist noch immer das beeindruckendste Seebrückenbauwerk an der Ostseeküste.

des 19. Jh. Mit zahlreichen Exponaten wird vor allem die Geschichte der Mönchguter Fischer und Bauern illustriert. Dankbar muss man der Kapitänstochter, Lehrerin und Heimatforscherin Ruth Bahls (1909–1994) sein, die lebenslang Sachgut zur Geschichte der Region gesammelt hat.

Zu den Mönchguter Museen gehören in Göhren auch ein Museumshof, ein Roolhus von etwa 1720 und das Plattbodenschiff *Luise* von 1906.

Ursprünglich 1821 als Sommertheater erbaut, wurde das Putbuser Theaterhaus mehrmals umgebaut. 1992 wurde es abermals modernisiert – eine prächtige Spielstätte.

Das Putbuser Schloss wurde zu DDR-Zeiten wohl aus ideologischen Gründen abgerissen. Aber Schlosskirche, Orangerie, Mausoleum, Marstall und Affenhaus blieben im Schlosspark erhalten.

Putbus – ein klassizistisches Ensemble

Die Anfänge der Rügener Bäderkultur liegen in Sagard und in Putbus. Die ersten Badegäste der Insel stiegen bereits im 18. Jh. ins Wasser. Allerdings nicht ins Meer, sondern in das eisen- und kohlesäurehaltige Quellwasser in Sagard auf der Halbinsel Jasmund. Der Pastor Heinrich Christoph von Willich begründete dort 1794 die „Brunnen-, Bade- und Vergnügungsanstalt". Leider war dem ersten Badebetrieb auf Rügen kein langes Leben beschieden, nur noch der Flurname „Brunnenaue" zeugt von der Geschichte des ältesten rügischen Bades. Ungleich glanzvoller entfaltete sich das zweite Inselbad. Fürst Malte zu Putbus fasste bei seinen Spaziergängen auf den Promenaden von Heilgendamm, dem ältesten deutschen Seebad, den Entschluss, aus Putbus, dem Ort voller Matschwege, nicht nur eine würdige Residenz, sondern auch das erste Seebad

Rügens zu schaffen. Zwei Männer standen ihm zur Seite: Der Architekt Gottfried Steinmeyer, ein Schwager Carl Friedrich Schinkels, und Graf Carl Friedrich Hahn, der „Theaterhahn", arm, adelig und vom Theaterspiel so besessen, dass seine Familie ihn später entmündigen ließ. 16 kleine klassizistische Paläste entstanden 1810 mitten in der Stadt, an einem kreisrunden Platz, dem Circus, auf dem die weißen Häuser immer wieder grüne oder boddenblaue Durchblicke in die Landschaft gewähren. Nun suchte der Fürst nur noch zwecks Bevölkerung über eine Anzeige in der Stralsunder Zeitung das passende Volk: Handwerker, Tagelöhner, auf jeden Fall von nachweisbar „ordentlichem und stillem Betragen". Doch weder das Angebot von ausreichendem Verdienst noch das Geschenk einiger Säulen als Zierat der nach der Vorstellung des Fürsten zu bauenden Häuser lockte – zu ungewöhnlich waren die Auflagen. Nicht nur, dass die Vorderfassaden jedes Jahr neu gekalkt werden sollten, davor sollten auch noch Rosen blühen. Dennoch wurde die Alleenstraße am Rand des fürstlichen Gartens bald Treffpunkt vornehmer Kurgesellschaft.

Doch selbst das mit dorischen Säulen antik gestaltete Badehaus Goor, in dem man in mit Boddenwasser gefüllten marmornen Wannen kurte, konnte gelegentliche Flauten im Putbuser Badeverkehr nicht verhindern. Heute ist Putbus mit seinen weißen Häusern, den Cafés, der Kunstgalerie in der ehemaligen Orangerie, dem Schlosspark mit dem Tiergehege, in dem ursprünglich nur weiße Hirsche gehalten wurden, das inzwischen aber von gewöhnlichem Rot- und Dammwild bevölkert wird, eines der schönsten Ausflugsziele auf der Insel.

Vor rund 200 Jahren baute Fürst Malte zu Putbus seine klassizistische Musterstadt und damit das erste Seebad auf Rügen. Der Circus gilt als der letzte einheitlich ausgeführte Rondellplatz in Deutschland. Vorbild war der „Circus" im englischen Badeort Bath. Der 21 m hohe Obelisk wurde 1845 in Erinnerung an die Ortsgründung errichtet.

Des Fürsten Vision wurde Stein …
Rosen blühen vor strahlend weißer
klassizistischer Architektur.

Vor den blendend hellen Fassaden blühen in der Tat Rosenstöcke. Auch das Theater, mediterran weiß und himmelblau, klassizistisch wohlproportioniert, von 1819–1821 als Sommertheater erbaut, wurde restauriert. Einst ein Liebhaberstück Gerhart Hauptmanns, der 1886 hier seine Neigung zum Theater vertiefte und seine Putbusser Tage 1936 im Roman *Im Wirbel der Berufung* beschrieb, wird es heute von der Pommerschen Landesbühne bespielt. Nur das Schloss gibt es nicht mehr, es wurde 1964 abgerissen.

Biosphärenreservat Südost-Rügen – das stille Land der Poken

„… zog ich im Gedanken eine gerade Linie von Putbus über Cirkow nach Prora. Was jenseits derselben ostwärts liegt, ist das wahre Paradies", so beschrieb der Historiker und Geograf Johann Jacob Grümbke 1805 in seinen Aufzeichnungen *Streifzüge durch das Rügenland* in etwa jenen Teil der Insel, der seit 1991 von der UNESCO als Biospärenreservat geführt wird. Mehr als die Hälfte dieser Fläche ist von Wasser bedeckt. Zudem prägen Acker- und Grünland, Wald und Heide, Moor und Sümpfe den Südosten der Insel, in dem Mensch und Natur von jeher in enger Wechselbeziehung stehen. Das schon vor Jahrtausenden besiedelte Gebiet ist reich an Zeugnissen früher

Begleitet von Lerchengesang kann man hinter dem Dorf auf Sandwegen in die Zickerschen Berge wandern. Die Hügelkette ist umrahmt von der Hagenschen Wiek und von dem zum Greifswalder Bodden gehörenden Rügischen Bodden.

Umgeben von idyllischer Landschaft (unten) hat Groß Zicker
noch seine dörfliche Bausubstanz
erhalten. Das alte Pfarrwitwenhaus (links) ist mit seinem steilen
Rohrdach, dem „Zuckerhut", heute
ein Museum und eine Galerie.

Besiedlung – wie die Großsteingräber aus der Bronze- und
Steinzeit in der Nähe von Lancken-Granitz und das sogenannte Herzogsgrab im Mönchguter Forst. Mittelalterliche
Dorfkirchen und klassizistische Bäderarchitektur gehören
ebenso zu dieser Landschaft wie breite Sandstrände und
blühende Trockenrasen.

Die Halbinsel Mönchgut ganz im Südosten gehörte bis
zur Reformation zum Kloster Eldena und konnte in ihrer
Abgeschiedenheit ganz eigene Traditionen entwickeln. Noch bis in die 30er-
Jahre des 20. Jh. waren die Mönchguter eine recht homogene Bevölkerungs-
gruppe mit eigenem Dialekt und eigener Tracht. Poken, so wurden einst die
Mönchguter, die nördlich des Mönchgrabens am Nordausgang von Baabe
auf dem Land der Herrschaft Putbus lebten, von den Einheimischen genannt. Hering war der Brotfisch der Fischer auf der Landzunge zwischen
Ostsee und Greifswalder Bodden, das Poken, das Herauspulen der Fische aus
den Netzen, eine ihrer Hauptbeschäftigungen.

Die Zickerschen Alpen

Blühende Wiesen überziehen das Zickersche Hügelland ganz im Südosten.
Großer Ehrenpreis, Grasnelken, Mauerpfeffer, Feldthymian, Wirbeldost,
Habichtskraut – ein üppiger Blumenflor bis zum Horizont. Auch gefährdete
Arten, die anderswo in Deutschland bereits verschwunden sind, wie Hain-
Wachtelweizen, Geflecktes Ferkelkraut, Sumpf-Blutauge, Wiesen-Schlüssel-
blume und Körnchen-Steinbrech gedeihen in der niederschlagsarmen Region. Das 300 ha große Trockenrasengebiet liegt seit der Einführung der
staatlich verordneten Großfelderwirtschaft in den 1960er-Jahren brach und
wird nur noch von Schafen beweidet. So konnte sich die hügelige Moränen-
landschaft des Mönchgutes zu einem artenreichen Trockenbiotop entwickeln. Blumen pflücken und Rad fahren sind hier verboten, denn schon

Der Stadthafen von Sassnitz ist mit Restaurants, Fischkuttern, Ausflugsschiffen und Jachten die maritimste Vergnügungsmeile Rügens.

Die Sassnitzer Fußgängerbrücke überzeugt durch optimale Kombination von Form und Funktion. Da die Kreidefelsen, Ursache des großen Geländesprunges zwischen Stadt und Hafen, nicht belastbar sind, wurde dieser heikle Bereich stützenfrei überspannt.

eine einfache Radspur wäscht sich schnell zur Erosionsrinne aus. Vom 66 m hohen Bakenberg, dem höchsten der Zickerschen Berge, hat man einen freien Blick auf den Fischerhafen von Gager. In Groß Zicker, an der Südseite der Halbinsel, leben die Zickerschen, und dort steht die Kirche, in die auch die Gagerschen gehen. In der Kirche aus dem 14. Jh. wohnt die Welt so still und geordnet, dass manchem hier das längst vergessene Beten wieder einfiel. Vor dem 1723 erbauten Pfarrwitwenhaus wuchern die Malven bis zum Rand des rohrgedeckten Dachs. Mit kleinen Stübchen, schwarzer Küche und lehmgestampftem Boden ist es heute ein Museum.

Sassnitz – der Ostsee zugewandt

„Nach Rügen reisen, heißt nach Sassnitz reisen", stellte schon Theodor Fontanes Romanfigur Baron von Instetten fest. Und Effi stimmte zu: „Ach Geert, (…) hier bleiben wir." Damals war Sassnitz das Modebad Nummer eins auf Rügen. Die von Ferne blendend weißen Villen stapeln sich in das Grün üppiger Buchenwälder der Stubnitz, und der Blick vom Meer her lässt ahnen, was einst sogar den Vergleich mit dem italienischen Mittelmeerhafen Genua und dessen atemberaubender Stadtsilhouette beschwor. Fontane allerdings fand „das Leben in Sassnitz eigentlich langweilig (…), aber die See- und Landschaftsbilder halten einen schadlos", wie er 1884 notierte.

Acht Jahre zuvor hatte Johannes Brahms immerhin fast drei Monate in Sassnitz verbracht und dabei in schöpferisch intensiver Arbeit den letzten Satz der Ersten Sinfonie in c-Moll vollendet.

Während im fürstlichen Putbus der Adel kurte, reiste nach Sassnitz das Großbürgertum. Die Fremdenliste von 1877 verzeichnet immerhin 106 Kaufleute, 92 Staatsbeamte, 53 Justizräte und 24 Fabrikbesitzer. 1887 waren sogar kapitalkräftige Ausländer z. B. aus der Schweiz, Russland, England und sogar aus Amerika zu Gast. Während sich Johannes Brahms noch über die unzulängliche Verkehrsanbindung beklagte, änderte sich das bald mit der Eisenbahnverbindung Bergen–Sassnitz und durch die regelmäßigen Dampferlinien, die die Halbinsel Jasmund mit dem Festland verbanden. 1906 wurden das Bauern- und Fischerdörfchen Crampas, nach dem Fontane in seinem Roman *Effi Briest* den Liebhaber seiner Protagonistin benannte, und das Fischerdorf Sassnitz zur Gemeinde Sassnitz zusammengeführt. 1957 erhielt Sassnitz das Stadtrecht und ist heute mit 12 000 Einwohnern nach Bergen die zweitgrößte Stadt der Insel.

Seit dem Ende des 19. Jh. ist die Stadt Ausgangspunkt für den Schiffsverkehr nach Skandinavien, heute legen die großen Fähren im Fährhafen des benachbarten Mukran an. Im Stadthafen von Sassnitz dagegen pulsiert das touristische Leben. An der mit 1450 m längsten Mole Europas laden Fischkutter, Ausflugsdampfer und Jachten zu Touren entlang der Kreideküste ein.

Es ist ein unverwechselbarer Sound, wenn die Maschine des Hochseekutters *M.J. Kalinin* den schwarzen Schiffsrumpf durch den Hafen treibt und der Kapitän seine Gäste mit Informationen und Fischbrötchen füttert. Und er zitiert Schinkel: „Das Meer ist doch eine große Verschönerung aller Landschaften, und in so origineller Form wie es sich vor Rügen zeigt, wüsste ich es nirgend anderswo gesehen zu haben."

Stadt und Hafen verbindet seit 2007 ein bemerkenswertes Brückenbauwerk. Mit einer elegantem S-Kurve schwingt es sich von der Oberstadt nach unten zum 22 m tiefer gelegenen „Glasbahnhof", dem ehemaligen Abfertigungsgebäude des Sassnitzer Hafens und früheren Ausgangspunkt der als Königslinie bekannten Fährverbindung zum südschwedischen Trelleborg. „Balkon zum Meer" wird diese Fußgängerbrücke genannt, die 2010 einen Deutschen Brückenbaupreis erhielt. „Die neue Fußgängerbrücke im Stadthafen Sassnitz überzeugt durch eine optimale Kombination von Form und Funktion (...) Mit ihrem weit gespannten, kühnen Schwung (...) erfreut die neue Brücke Betrachter wie Benutzer", heißt es in der Begründung der Jury. Vom Stadthafen über die Strandpromenade ist es nicht weit in die Altstadt, die mit Kopfsteinpflaster, Gassen, Treppen und Pensionen den Charme des alten Seebads bewahrt hat.

Sassnitz ist das Tor zum Nationalpark Jasmund. Als „Capri des Nordens" wendet sich das einstige Modebad mit seinen nostalgischen Villen aus dem 19. Jh. der Ostsee zu.

Eine preisgekrönte, schwungvolle Brücke lockt auf den Weg zwischen Stadt und Hafen.

Steilküsten: ein Bildertraum mit Motiven für Romantiker

Wasser, Frost und Wind verändern die markanten Kreideformationen der Halbinsel Jasmund beständig. Jedes Jahr weicht das Kliff ein kleines Stück zurück, manchmal kaum sichtbar. In anderen Jahren brechen gleich an mehreren Stellen große Stücke aus den steilen Wänden heraus. Markante Merkmale wie die Wissower Klinken, scheinbar für die Ewigkeit geschaffen, verschwinden in einer einzigen Sturmnacht. Und doch ist die Küste noch immer bildschön.

Bereits in den 1860er-Jahren wurden die Steilhänge Arkonas und die Klippen der Stubbenkammer vom Landschaftsmaler Jacob Philipp Hackert entdeckt. Der Maler und Arzt Carl G. Carus brachte von seiner Rügenreise im Jahr 1819 nicht nur eine Vielzahl von Zeichnungen und Gemälden mit, sondern beschrieb auch in Reiseberichten die stimmungsvolle Lage: „Mit eins öffnet sich der Wald, wir stehen an den jäh abstürzenden Kreideklippen des Königsstuhls, junge Rotbuchen wehen mit ihren weit hinabhängenden Ästen über der tief unten brausenden Brandung, und in breiter Ausdehnung bis an die feine Linie des Horizonts dehnt sich der blaugraue Spiegel der Ostsee, während feiner Regen herabsprüht und unter fernem Donner ein Regenbogen (...) sich (...) auferbaut." Carus kam von Dresden her auf Anraten seines Freundes Caspar David Friedrich nach Rügen. Dieser hatte schon auf seiner ersten Rügenreise im Juni 1801 mit Feder und Zeichenstift Motive dieser Landschaft gesammelt: die Kreidefelsen von Jasmund, die Inselpanoramen des Rugard und der Halbinsel Mönchgut, die Hünengräber von Arkona und die uralten Eichen von Vilm. Aus diesen Staffagestücken romantischer Sehnsucht komponierte er

später im Dresdener Atelier seine Seelenbilder. 1802 kehrte Caspar David Friedrich ein weiteres Mal nach Rügen zurück, um den Kleinen Jasmunder Bodden, den Rugard in Bergen und wieder die Kliffküste der Stubbenkammer zu zeichnen.

Caspar David Friedrich

Im Jahr 1818 weilte Caspar David Friedrich in dem kleinen Schifferdorf Wiek am Wieker Bodden, doch kein anderes Bild von ihm hat die Insel so berühmt gemacht wie die *Kreidefelsen auf Rügen*, gemalt nach seiner Hochzeitsreise. Auch der romantische Maler Friedrich Preller d. Ä., den die stürmischen Fluten ebenso wie die alten Eichen und Hünengräber inspirierten, verhalf Rügen zu Popularität in der deutschen Künstlerwelt. Bedeutende Maler wie Walter Leistikow, Adolph Menzel und Lyonel Feininger bereisten ebenso malend und zeichnend die schöne Insellandschaft wie zahllose Hobbymaler. Ein solcher war auch der Nobelpreisträger für Chemie Wilhelm Oswald, der fand 1889 in Binz: „... das Malen ganz epidemisch; am Strand saßen drei Damen hintereinander und malten alle dasselbe."

Die Kreidefelsen von Jasmund lockten schon die Romantiker nach Rügen, doch wer heute die Motive der Maler an den Wissower Klinken oder bei der Ernst-Moritz-Arndt-Sicht exakt verorten will, kann sich leicht irren.

Das Hintergrundbild zeigt C. G. Carus' *Mondnacht bei Rügen* (1819). Auf der linken Seite oben bestaunen auf C. D. Friedrichs Gemälde *Kreidefelsen auf Ruegen* drei frühe Touristen die bizarre Aussicht, die ähnlich heute zu finden ist (links unten und die Bilder auf dieser Seite), auch wenn das Gemälde kein einzelnes heute so existierendes Motiv abbildet.

Insel Vilm – ein geschütztes Kleinod

Nur einmal am Tag nimmt ein Schiff im Hafen von Lauterbach eine kleine Gruppe von Neugierigen über den Rügischen Bodden mit auf das Eiland. Im Haus Nr. 1 wohnte Walter Ulbricht, im Haus Nr. 2 Margot Honecker. „Hilde Benjamin, begeisterte Eisbaderin, war sogar im Winter da", erzählt der Insel-Führer. Die berüchtigte ehemalige DDR-Justizministerin sei nicht ohne Einfluss darauf gewesen, dass aus der damals viel besuchten Insel wieder ein geschütztes Gebiet wurde. Manchem Besucher sind die Namen der damaligen DDR-Politker jedoch Schall und Rauch. Die Besucher kommen, um die urwüchsige Landschaft zu sehen, die heute zum Kernland des Biosphärenreservats Süd-Ost Rügen gehört. Uralte Stieleichen und Rotbuchen beschatten den Wanderweg. Der Zilpzalp, einer aus der Schar der 64 Vogelarten auf der Insel, zwitschert sein Lied. Wer Glück hat, kann ein Seeadlerpaar am Himmel entdecken.

Auch Bäume, wie die gewaltigen Eichen auf dem wilden Eiland Vilm, werden mit dem Alter immer interessanter. Bis 1890 gab es hier sogar eine Eiche, in deren Hohlraum 16 Personen Platz fanden (oben rechts). Im Frühjahr weben Buschwindröschen ihren zarten Blütenteppich unter den Laubbäumen (oben).

Noch bis 1959 war das Eiland ein Urlaubsparadies für jeden. Im Sommer kamen täglich bis zu 700 Menschen auf die nur 94 ha große Insel. Kurz bevor sie zur Obstplantage umfunktioniert werden sollte, entdeckte sie der damalige Ministerpräsident Otto Grotewohl. Elf Ferienhäuser und elf Strandkörbe wurden für den innersten Kreis der Staatsmacht aufgestellt. 30 Jahre lang war die kleine Insel abgeschirmter Urlaubsort für den Ministerrat der DDR. Nach dem Mauerfall kamen viele, um den so lange für die Öffentlichkeit gesperrten Ort zu sehen. Doch die wahre Sensation dieser Insel ist die Landschaft. Nachdem 1527 der letzte Holzeinschlag auf der Insel vorgenommen worden war, blieb sie sich weitgehend selbst überlassen.

Märchenwälder wuchsen aus knorrigen Eichen und teils gigantischen Buchen, an dessen Rand Schlehen, Weißdorn, Wildbirne und Holzapfel

Eine Insel mit wechselvoller Geschichte: vom Urlaubsparadies zum geschützten Urwald

blühen. Über 300 seltene Farn- und Blütenpflanzen gedeihen hier. Zu dieser Vielfalt trägt auch der Trockenrasen bei, der mit den vorherrschenden Wäldern kontrastiert.

Der Wald wurde bald zur naturkundlichen und romantischen Attraktion. Ernst Moritz Arndt besang ihn, Caspar David Friedrich, Carl Gustav Preller d. Ä. und viele andere Künstler malten ihn im „Gefühl so ganz reinen, schönen und einsamen Naturerlebens", wie es Carl Gustav Carus 1819 empfand. „Wie malerisch drängt sich dort über das am Ufer gehäufte Gestein die frischeste Vegetation des Gebüsches, wie ungestört und ehrwürdig sind da Eichen und Buchen zu ungewöhnlichem Umfange aufgewachsen. … wohin man sah, reiche, kräftige Urnatur des Nordens!"

Doch gab es schon vorher Nennenswertes. Bereits im 14. Jh. gewährte hier eine Marienkapelle Schiffern und Pilgern Zuflucht. Zu Beginn des 19. Jh. kamen die Gäste des Badehauses in der Goor am gegenüberliegenden Ufer und Pfingstausflügler aus der Umgebung auf die Insel. 1819 verpachtete die damalige Herrin von Vilm, die Mutter des Fürsten Malte, das Ackerwerk als Meierei. Bedingung dabei war, Besucher „freundlich und bescheiden aufzunehmen und ihnen Milch, Rahm, Butter und dergleichen gegen billige Bezahlung zu überlassen". 1886 entstand ein Logierhaus. 1936 wurde die Insel unter Schutz gestellt.

In der Sorge, ein Strom neugieriger Besucher könne die kostbare Wildnis nach der Wende niedertrampeln, forderten 1989 Teilnehmer der Bergener Friedensandacht, aus dieser Insel ein ökologisches Forschungszentrum zu machen.

Vor etwa 3000 Jahren wurde die Insel Vilm von ihrer großen Schwester Rügen getrennt. Vilm liegt vor der Südküste Rügens und wurde schon 1936 zum Naturschutzgebiet erklärt.

Zeitreise im Nationalpark-Zentrum

Seit 2004 gibt das Null-Emissionshaus des Nationalpark-Zentrums Einblicke in die Entwicklung dieser Landschaft. Im 2000 m² großen Ausstellungsbereich kann man sich mit Audioguide auf einen spannenden Streifzug durch den Nationalpark begehen. Es gibt Themenreisen für Abenteuerlustige, für Romantiker, Wissbegierige und für Kinder. Die Zeitreise beginnt im Fahrstuhl. Ganz langsam geht es damit ein Stockwerk tiefer und zugleich 70 Mio. Jahre zurück, in das Zeitalter der Kreide. Eine riesige Sanduhr in der Kabine begleitet symbolisch die fast fünfminütige Fahrt. Dann geht es virtuell durch die Ostsee, unter die Erde zu Dachs und Mäusen und in einen zauberhaften Spiegelwald. Es gibt Aquarien und einen echten Eisberg. Man kann Findlinge stemmen und Tieren im nächtlichen Buchenwald lauschen.

Im Juli 1990 wurde Vilm dem Umweltministerium der letzten DDR-Regierung mit dem Auftrag übergeben, hier eine Naturschutzakademie für den südlichen Ostseeraum aufzubauen. Drei Monate später weihte der damalige Bundesumweltminister Klaus Töpfer im ehemaligen DDR-Regierungsgästeheim die Internationale Naturschutzakademie, eine Außenstelle des Bundesamts für Naturschutz, ein.

Nationalpark Jasmund

„Zum Wohle und zur Freude des Volkes und der zukünftigen Generationen", hieß es, als 1872 in den USA der weltweit erste Nationalpark gegründet wurde. Dieser Leitsatz steht auch über dem Nationalpark Jasmund. Mit grünen Buchenwäldern, weißer Kreideküste und blauem Meer gehört er zu den berühmtesten Charakterlandschaften Deutschlands. 1990 gegründet, ist er mit genau 3003 ha Fläche der kleinste Nationalpark Deutschlands. Doch auf dieser überschaubaren Fläche bietet er mit dem Rotbuchenwald der Stubnitz, mit mehr als 100 Mooren, Seen, Quellen und Bächen eine erstaunliche Vielfalt unterschiedlicher Lebensräume. Wald, Strand, ein etwa 500 m breiter Flachwasserbereich der Ostsee vor den Kreidefelsen und das etwa 50 ha große Gebiet rund um die Quoltitzer Kreidebrüche sind Teil dieses Nationalparks. Der höchste Ort ist mit 161 m über dem Meeresspiegel der Piekberg, der geheimnisvollste der Herthasee und der berühmteste der Königsstuhl. Am schönsten ist es hier, wenn die Kreidefelsen im Morgenrot erglühen und noch kein Mensch über den Hochuferweg zwischen Sassnitz und dem Königsstuhl wandert. Nur der Buchfink zwitschert im grünen Blätterdach.

Über eine Million Menschen besuchen jährlich den 118 m hohen majestätischen Ausguck, von dem im Nordischen Krieg der Schwedenkönig Carl XII., sitzend in einem Sessel, die Schlacht seiner Flotte gegen die Dänen beobachtet haben soll. Eine andere Legende erklärt den Namen Königsstuhl mit dem angeblichen Versprechen, dass derjenige, dem es gelingen sollte, die steile, poröse Wand zu erklimmen, die Königskrone erringen würde. Bekanntlich aber gab es nie einen König von Rügen. Den Aufstieg vom steinigen Strand nehmen die heutigen Kreidegipfelstürmer über die 408 Stufen einer Holztreppe, das ist ungefährlich, wenngleich auch mancher dabei ins Schwitzen kommt.

Traditionelle Spezialität auf Rügen: die Kreide

Rügener Kreide ist eine rund 70 Mio Jahre alte, verdichtete Masse winziger fossiler Kalkgehäuse. Dieses Sedimentgestein entstand in einem bis zu 150 m tiefen Meer, in dem einst etwa 1500 Tier- und Pflanzenarten existierten. Die meisten so klein, dass man sie mit dem bloßem Auge kaum erkennen kann. Obwohl Rügener Schreibkreide genannt, hat sie doch nichts mit der Schultafelkreide gemein. Die echte Kreide aus der Zeit der Dinosaurier begegnet uns heute beispielsweise in Zahnpasta. Man braucht sie in der Porzellan- und in der Fliesenindustrie. Sie wird bei der Entschwefelung von Rauchgasen in Kraftwerken eingesetzt und als Heilkreide im Gesundheits- und Kosmetikbereich angewendet. Früher nutzte man sie vor allem als Dünger in der Landwirtschaft, als Wandfarbe und zur Herstellung von gebranntem Kalk. Kreide wird auf Rügen seit 1832 abgebaut.

Kreidemuseum Gummanz

Heute existieren – neben wenigen weiterhin in Betrieb befindlichen Kreidebrüchen – noch ein aufgelassener Tagebau und 40 historische Kreidebrüche. So ragt bei Neddesitz der Kleine Königsstuhl über einen See, über dessen mit Algen bewachsenem Kreidegrund sich das Wasser türkisfarben in der Sonne spiegelt. Das alte Kreidewerk Gummanz war bis 1854 in Betrieb. Heute ist der stillgelegte Kreidebruch Biotop und idyllische Landschaft. Die Natur erobert sich das einst so verwundete Gebiet zurück. Absatzbecken, Trockenschuppen, Gerätschaften, Schautafeln illustrieren im Gelände die Zeit des aktiven Kreideabbaus. Bilder und Filme zeigen: Kreidegewinnung war noch bis zur Mitte des

Kreide, das „Weiße Gold" Rügens, wird auf dieser Insel schon seit über 180 Jahren abgebaut. Etwa 250 Mio. t Kreide, die noch heute auf Rügen lagern – wie hier bei Gummanz –, sind stabile Grundlage für einen florierenden Wirtschaftszweig. 500 000 t werden jährlich abgebaut.

letzten Jahrhunderts Knochenarbeit. Angeseilt schlugen die Männer mit Spitzhacken die Rohkreide aus den steilen Wänden. Auch das Museum in der restaurierten Backstein-Werkhalle des alten Kreidewerks, in dem noch bis 1962 gearbeitet wurde, bewahrt die Erinnerung an die Rügener Tradition des Kreideabbaus.

Totholz ist die Lebensgrundlage zahlloser Tier- und Pflanzenarten. Auch für den Rotrandigen Baumschwamm sind die Baumleichen ein gefundenes „Fressen".

Der urwüchsige Buchenwald an der Jasmunder Kreideküste zählt zur Kernzone des Nationalparks. Seit 1990 wird er forstlich nicht mehr genutzt.

Werden und Vergehen im Buchenwald

Mit 2010 ha ist der Wald des Nationalparks Jasmund der größte zusammenhängende Buchenwald der Ostseeküste. Es dauerte lange, bis eine dünne Humusschicht den Kreidegrund überzog und das Wachstum der Bäume ermöglichte. Doch die Buche ist eine zähe Baumart, die sich mit den unterschiedlichsten Gegebenheiten arrangieren kann. Tele Buchhecke gedeiht auf trockenen und feuchten, nährstoffarmen und -reichen, stark sauren und kalkreichen Boden. Schon der junge Baum kann viel Schatten vertragen, ist er erwachsen, schließt er mit seinen Nachbarn das Blätterdach, sodass andere Baumarten verkümmern müssen. Von Natur aus wäre Deutschlands etwa 34 Mio. ha große Landfläche zu 66 % von Buchenwald bedeckt. Doch von dem einstigen Areal blieben nur etwa 7 % erhalten. Aktuell kommt die Buche auf rund 15 % der 11 Mio. ha großen Waldfläche der Bundesrepublik vor. Davon ist aber nur ein winziger Anteil älter als 160 Jahre. Aus Bucheckern gezogen, fällt der Baum, der eigentlich über 300 Jahre alt werden kann, in Nutzwäldern bereits im besten Alter. Schon 1929 wurde der Jasmunder Buchenwald unter Schutz gestellt, damit ihm der Kreideabbau nicht den Garaus macht. 1935 und 1954 folgten weitere Schutzverordnungen. Inzwischen ist der hiesige Wald seit der Gründung des Nationalparks Jasmund seiner natürlichen Entwicklung überlassen.

Ehre dem Alter, hier dürfen die Buchen nach einem erfüllten Leben auf natürliche Weise sterben. Wenn ein greiser Baum stirbt, feiert ihn die Natur

als Helden der Wiedergeburt. Aus dem Totholz keimt neues Leben. Für Batallione von Käfern, Schnecken, Raupen und Würmern ist er ein gefundenes Fressen. Pilze und Bakterien machen sich auf ihm breit. Faulendes Holz verwandelt sich in hochwertige Biomasse. Ein Wald, der in Würde altern darf, ist somit gleichzeitig Totengräber und Geburtshelfer.

Nach Stürmen färbt die abgebrochene Kreide das Meer vor Stubbenkammer milchigweiß. Magisch zieht der Anblick an den Abgrund, doch sollte man den brüchigen Kliffrand unbedingt meiden.

Schutzbedürftiger Buchenwald

Alte, naturnahe Buchenwälder sind selten. Um sie zu schützen, hat das UNESCO-Welterbekomitee fünf Buchenwaldgebiete in Deutschland in die Liste des Welterbes aufgenommen. Schon 2003 gab die Buchenwaldkonferenz in der Ukraine den Anstoß, die Buchenurwälder der Karpaten im Jahr 2007 zum Weltnaturerbe zu erklären. Auch die deutschen Buchenwälder rückten in das Interesse der Naturschützer. Am 15. Juni 2011 wurde das in der Slowakischen Republik und der Ukraine gelegene, grenzüberschreitende Weltnaturerbe „Buchenurwälder der Karpaten" um den deutschen Teil zur Welterbestätte „Buchenurwälder der Karpaten und Alte Buchenwälder Deutschlands" erweitert. Dabei handelt es sich weniger um den Schutz einer Baumart als um das „System Buchenwald" mit seinen biologischen und ökologischen Prozessen. Die Buche ist entwicklungsgeschichtlich eine junge Baumart in Deutschland, sie kehrte nach der Eiszeit nach Europa zurück. Den Norden Deutschlands hat sie allerdings erst vor 800 Jahren wieder erreicht, sodass der Buchenwald im Nationalpark Jasmund der jüngste unter den alten Buchenwäldern Deutschlands ist. So wie die ebenso ausgewählten Waldgebiete der Nationalparks Hainich in Thüringen, Kellerwald-Edersee in Hessen, Müritz in Mecklenburg-Vorpommern und des Biosphärenreservats

Die Buche dicht am Abgrund der Ernst-Moritz-Arndt-Sicht hat eine herrliche Aussicht auf das Meer, aber eine geringe Lebenserwartung.

Schorfheide-Chorin in Brandenburg repräsentiert er einen der wertvollsten verbliebenen Reste großflächiger naturbelassener Buchenbestände in Deutschland. Die Größe des einzigen Küstenbuchenwaldes der neuen Welt-naturerbestätte beträgt 493 ha, umgeben von einer 2511 ha großen Puffer-zone. Immer wieder geben die Bäume großartige Ausblicke auf das türkis schimmernde Meer und die weißen Kreidefelsen frei. Im Frühling, ehe sich das dichte Laubdach schließt, zieht auch der Waldboden die Blicke der Wanderer auf sich. Ein Blütenmeer von Buschwindröschen bedeckt die humus-reicheren Moränenstandorte. Blaßgelbe Schlüsselblumen wachsen an feuchteren Stellen, an den sonnigen Küstenhängen blühen Orchideen.

Sagenumwobener Herthasee

Vom Königsstuhl führt ein Weg durch den schattigen Wald zum 11 m tiefen Herthasee. Es ist nicht seine Größe von etwa 170 m Länge und 140 m Breite, die den beinahe kreisrunden See so anziehend macht. Der Himmel spiegelt

Den 114 m über der Ostsee gelegene Herthasee nannte man früher auch den „Schwarzen See" (links). Ganz in seiner Nähe steht die Herthabuche. Aus dem Rauschen ihrer Blätter soll einst ein der Göttin Hertha dienender Priester die Zukunft geweissagt haben.

Hertha-Buche

sich in dem dunklen, von Buchen umgebenen Wasser, das bewirkt ganz unvermittelt, trotz der relativ kleinen Fläche, ein Gefühl von Weite.

Etwas Geheimnisvolles liegt in der Luft. Und das ist nicht weiter verwunderlich. Die Magie dieser Landschaft ist mit einer Sage verwoben: Einst soll der See Kultstätte der altgermanischen Göttin Nerthus oder Hertha gewesen sein. Tacitus, der große römische Geschichtsschreiber, schrieb in seinem Werk *Germania* über die Verehrung der Gottheit Nerthus (Hertha), dass diese auf einer Insel im Meer (damit meinte er die Ostsee, was sich aus dem Textzusammenhang erschließt) gelegentlich auf einem Ochsenkarren über das Land gefahren sei, um danach in einem entlegenen See zu baden. Jeder, der ihr dabei behilflich sei, würde anschließend in den Fluten versinken. Im 17. Jh. dann glaubte der Danziger Philipp Clüver, den See aus der Sage identifiziert zu haben. Aus dem Borgsee wurde der Herthasse, aus dem nicht weit entfernten Borgwall die Herthaburg. Die Rügen besuchenden Romantiker fanden außerordentlichen Gefallen an dieser Deutung und griffen die Sage gerne in ihren Dichtungen auf. Karl Nernst schreibt 1880 in seinen *Wanderungen durch Rügen*: „Die Altäre dufteten von Brandopfern. Von Gesängen ertönten Gefilde und Haine. Erhabene Hymnen erweckten den schlummernden Widerhall. Die Wege waren mit Blumen bedeckt. Im ödesten Winkel rosteten die Waffen." Natürlich ließ sich das auch wirtschaftlich verwerten. So ist es wohl verständlich, dass Ende des 19. Jh. ein rühriger Gastwirt zu Werbezwecken den sogenannten Opferstein und dessen Umfeld so herrichtete, dass wohliger Schauer fortan garantiert war – und der Tourismus blühte.

Der National-park-Ranger Karsten Klaene

Wir sind die Nationalpark-wacht, auch Ranger ge-nannt." So begrüßt Karsten Klaene die Touristen, die sich jeden Tag um 11 Uhr zur Führung durch den Nationalpark Jasmund auf dem Parkplatz Hagen ein-finden. Karsten Klaene, Fernglas vor dem Bauch und mit khakifarbene Weste, gibt an der großen Landkarte, die auf einer Infotafel angebracht ist, einen Überblick über die Entstehung der zu erwandernden Landschaft: „Alles hier hängt mit der letzten Eiszeit zusammen. Stellen Sie sich vor, vor 10 000 bis 15 000 Jahren lag alles noch unter einem riesigen Gletscher." Mit einem Holzstöckchen zeigt er den Ver-lauf des Wanderweges. „3 km in 2 Stunden, damit wir in Ruhe rechts und links des Wegs erfahren können, was diese Landschaft hier ausmacht", sagt der Ranger, der die Insel wie seine Westentasche kennt.

Auf die Frage, wo denn nun der berühmte Kreidefelsen, der Königs-stuhl, sei, gibt er geduldigst immer dieselbe Antwort: „Es gibt hier keinen Kreidefelsen, sondern eine Kreideküs-te, 8 km lang, zwischen Sassnitz und Stubbenkammer."

Schlosser, Waldarbeiter, Ranger

Karsten Klaene hat viel lernen müssen in dem Jahr der Umschulung vom Wald-arbeiter zum geprüften Natur- und Landschaftspfleger. Noch bis 1989 hat er als Rohrschlosser auf der Stralsun-der Werft Atlantik-Super-Trawler für die damalige Sowjetunion gebaut. Dann zog es ihn wieder auf die Insel. Schon als Knabe streifte der 1960 in Bergen geborene Ranger durch die Wälder des Rugard. Doch kaum war Karsten Klaene Waldarbeiter, kam die Wende und mit ihr Veränderungen auch für die Wälder dieses Küstenabschnitts: Am 12. September 1990 entstand der Nationalpark.

Der Vorrang der Natur vor jedem Nützlichkeitsdenken, so wie er künftig galt, war neu und spannend. Ebenso spannend war für Karsten Klaene, jetzt vor Menschen hinzutreten und zu reden. „Als Waldarbeiter stand ich al-lein mit der Säge im Wald und habe mich mit den Bäumen unterhalten, nun sollte ich plötzlich mit Menschen durch den Wald gehen", erinnert er sich. Heute kann er beispielsweise beim An-blick eines pilzüberwucherten Tothol-zes über das Wunder Natur regelrecht ins Schwärmen geraten. Zärtlich streicht er mit seinen großen Händen über die winzigen Buchenkeimlinge. Im alten Torfmoor erzählt er überaus spannend vom Sonnentau, den selte-nen fleischfressenden Pflanzen, und vom Schluckloch, das das überschüs-sige Wasser des Moores in die Hohl-schichten der Kreideschollen saugt, um es erst wieder an den Kreidewän-den über den Strand in das Meer lau-fen zu lassen.

In den Stubbenwiesen fliegt ein Kranich auf, über den Resten der slawi-schen Herthaburg krächzen die Kolk-raben – alles Stoff für spannende Nationalparkgeschichten, die Karsten Klaene inzwischen erzählt, als habe er nie etwas anderes gemacht.

Immer wieder die Frage der Fragen …

An der Kliffkante zieht er eine Post-karte aus der Tasche hervor: Caspar David Friedrichs Gemälde *Kreidefelsen*, das wohl zu seinen bekanntesten zählt. So wappnet er sich auf die immer wieder gestellte Frage, wo denn nun der Künstler sein berühmtes Bild

Besucher führt der Nationalpark-Ranger zu romantischen Aussichtspunkten und Zeugnissen vorgeschichtlicher Besiedlung, wie dem sogenannten Pfenniggrab aus der Jungsteinzeit.

gemalt habe. „Drei Faktoren machen die Anwort unmöglich: Erstens war Friedrich Romantiker, zweitens verändert sich die Küste beinahe täglich, drittens hat er hier draußen nur Skizzen gemacht – aber, wenn es überhaupt eine Stelle gibt, die als Vorbild infrage käme, dann diese hier, unterhalb der Victoriasicht."

Am Hochuferweg liegt die Victoriasicht, die ihren Namen von Kaiser Wilhelm I. erhielt, der diese herrliche Aussicht nach seiner Schwiegertochter Kronprinzessin Victoria benannte.

Vogelfreunde beobachten von der Aussichtsplattform in Tankow im Nordosten der Insel Ummanz die scheuen Kraniche auf ihren Schlaf- und Sammelplätzen.

Seit 1901 verbindet eine Brücke Rügen und Ummanz. Der kleine „Leuchtturm" von Waase am Focker Strom ist als schmückende Attrappe reine Touristenattraktion.

Insel Umanz – Rügens stille Schwester

Nur etwa 270 Menschen leben auf der immerhin etwa 20 km² großen Insel. Hinzu kommen 20 Haflinger und Tausende Kraniche im Frühjahr und Herbst. Es ist ein großartiges Naturschauspiel, wenn sich der Himmel in der Abenddämmerung unter den aufschwarmenden Kranichketten, die von den Feldern zum Schlafen in das flache Bodd... ...werden ...an.... Auf der Udarser Wiek, einer Bucht zwischen Ummanz und dem Muttland, ...mmeln sich die großen Vögel in Scharen.

Ummanz, die fünftgrößte deutsche und viertgrößte Ostseeinsel in Mecklenburg-Vorpommern, ist die kleine, stille Schwester Rügens. Sie ist nicht nur eine der am dünnsten besiedelten Gegenden Deutschlands, auch Touristen verirren sich selten hierher.

Erst 1952 wurde die Insel mit Strom versorgt. Platt wie ein Brett ist sie, Felder, Weiden, ein bisschen Wald. Nur wer nichts als Ruhe sucht, kann hier glücklich werden. Auf dieser Insel haben nie viele Menschen gelebt, doch um 1960, im Zeitalter des sozialistischen Zentralismus, vereinsamte sie mehr denn je. Orte wurden geschleift, auch das Dorf Markow gab es nur noch auf dem Ortsschild; heute befindet sich hier das Internationale Jugenddorf Ummanz. Acht kleine Orte gibt es auf der Insel. Im Südwesten liegt gleich hinterm Deich Freesenort mit vier denkmalgeschützten Fischer- und Bauernhäusern. Die Hasenburg ist eines der ältesten niederdeutschen Hallenhäuser auf Rügen. Von der winzigen Insel Heuwiese gegenüber tönt der Schrei der Silbermöwe.

Hauptort der Insel, gleich hinter dem Focker Strom, ist Waase. Hier gibt es einen Frisör, einen Lebensmittelladen und einen für die Keramik von Susan Schmorell, die ihre Fayencen gerne mit Kranichen bemalt. Es gibt einen Reiterhof und einen Fahrrad-, Ruder- und Tretbootverleih. Von der Brücke, die Ummanz seit 1901 mit dem Festland verbindet, springen Kinder ins Wasser. Auf der Uferterrasse des gegenüberliegenden Fischrestaurants werden Heringshappen und Lachs serviert.

Dahinter, inmitten eines höchst ordentlichen, kleinen Friedhofs, birgt die mittelalterliche Kirche St. Marien einen der größten sakralen Schätze Rügens. Das Antwerpener Retabel aus dem Jahr 1520 zeigt Szenen aus dem Leben des Thomas Beckett, des Lordkanzlers von König Heinrich II., jenes Erzbischofs aus Canterbury, der nach Paris floh, zurückkehrte und in seiner Kirche von vier Rittern ermordet wurde. 1173 sprach man ihn heilig. Der Altar wurde vermutlich ursprünglich für eine Kirche in England hergestellt, dann aber von Stralsunder Kaufleuten erworben. 1708 gab man den prächtigen Altar in das bescheidene Ummanzer Kirchlein, das dem Heilig-Geist-Spital in Stralsund unterstellt war. Heute hätten ihn die Stralsunder gerne wieder zurück.

Die kleine St. Marienkirche von Waase birgt mit diesem spätgotischen Schnitzaltar von 1520 einen großen Schatz. Auf den insgesamt 12 Tafeln sind auch die Einsetzung Thomas Becketts als Erzbischof von Canterbury und seine Ermordung dargestellt.

Wittow – Windland am Nordkap

Mit einer 9 km lange Nehrung klammern sich Wittow und Jasmund aneinander. Hinter Juliusruh führt hoch über dem Meer durch wilde Vogelhecken, in denen der Sprosser, die norddeutsche Schwesterart der Nachtigall singt, einer der schönsten (Rad-)Wanderwege. 3 km vor dem Fischerdörfchen Vitt thront auf dem Riesenberg ein jungsteinzeitliches Großsteingrab. Das flache Inselland Wittows ist ideales Radwandergebiet, auch wenn der Wind oft von vorn kommt.

Wer motorisiert reist, sollte wissen: Die nordöstlichste Spitze der nahezu baumlosen Halbinsel ist ab dem großen Parkplatz in Putgarten autofreie Zone. Jährlich erkunden Hunderttausende Besucher das raue

Die oberste Gottheit der Ranen auf Rügen war der vierköpfige Svantevit, ein Gott des Krieges. Diese Gottheit wurde auf einer Holzstatue in einem Tempel innerhalb der Jaromarsburg dargestellt und 1168 von König Waldemar zerstört. Das Foto zeigt eine künstlerische Nachbildung am Kap Arkona.

Die Dorfkirche von Altenkirchen ist ein romanisches Kleinod, sie gilt als älteste Dorfkirche auf Rügen. Sie wurde zu Beginn der Christianisierung Rügens von dänischen Bauleuten als dreischiffige romanische Basilika erbaut.

Windland. Auch mit Pferdekutsche oder Arkonabähnchen kommt man zu den Leuchttürmen, Bunkern und Heiligtümern.

Vierköpfige Gottheit

Die Überreste der legendären Tempelburg Arkona, ein bedeutender Zeugnis slawischer Kulturgeschichte im Ostseeraum, gehören zu einem der größten archäologischen Flächendenkmale an der Ostseeküste. Dabei hat das Meer schon zwei Drittel der Jarosmarsburg weggerissen. Wo heute Gotlandschafe weiden, huldigten vor über 800 Jahren die rügischen Ranen ihrer viergesichtigen Gottheit Svanetevit. Über diese berichtete der dänische Geschichtsschreiber Saxo Grammaticus: „In der Rechten hielt die Figur ein Trinkhorn, aus verschiedenen Metallen gebildet. Das hat der Priester jedes Jahr mit Met gefüllt und weissagt aus dem, was im Laufe des Jahres verschwunden ist, auf die kommende Ernte." Heute erinnert eine 4 m hohe Skulptur, die aus einem Eichenstamm gearbeitet ist, an die Gottheit.

In das nach der Völkerwanderung dünn besiedelte Land am Meer kamen nach den Germanen ab dem 6. Jh. die Slawen. Nach Rügen wanderte der slawische Stamm der Ranen, die allesamt ziemlich schlechte Bauern, gute Fischer und noch bessere Seeräuber gewesen sein sollen. Den Christianisierungsbestrebungen des Dänenkönigs Waldemar I. widersetzten sie sich so lange, bis 1168 ein pommerscher Knappe nach wochenlanger Belagerung eher zufällig ein Feuer legte und das religiöse Zentrum der Ranen in Schutt und Asche fiel. Als die überlebensgroße Gottheit Svantevit von den Köchen

der Christen zu Kleinholz für das Herdfeuer zerhackt war, ohne dass ein strafender Blitzstrahl herniederfuhr, war der letzte freie Stamm der heidnischen Slawen im Ostseeraum besiegt. Ihr Stammesfürst Jaromar wurde Jaromar Rugier Rex und baute jetzt Kirchen statt Tempel.

So wölbt sich das um 1200 noch unter dem Einfluss dänischer Kirchenarchitektur erbaute Gotteshaus in Altenkirchen, im Hinterland der Halbinsel, über einem geheimnisvollen Findling mit Relief – es könnte ein Svantevitstein sein.

Vitt – das Fischerdorf

Bauherr der kleinen weißen Kapelle, die oberhalb des Fischerdorfes Vitt so heiter und bescheiden ins Wittower Hochland blickt, war Anfang des 19. Jh. der Pfarrer und Dichter Ludwig Gotthard Kosegarten. Der stimmgewaltige Pastor hatte lange Zeit zu den Fischern unter freiem Himmel gesprochen. Er huldigte Gott in der Natur, da die Fischer nicht zu bewegen waren, im Frühjahr und im Herbst, wenn der Hering kam, in die Kirche von Altenkirchen zu kommen. Mit einem Ohr immer auf den Ruf des Utkiekers wartend, standen sie lieber bei Wind und Wetter dicht

Ursprünglich wurde in der kleinen Bucht nahe bei Kap Arkona nur Fisch gefangen und verarbeitet. Heute ist das denkmalgeschützte Fischerdorf Vitt mit seinen reetgedeckten Häusern eines der beliebtesten Ausflugsziele auf Rügen.

Nach den Germanen kamen die Slawen – und diese widersetzten sich lange der Christianisierung.

am Meer. Wenn es dann hieß, „de Hering kümmt", dankten sie Gott und ließen den Pastor stehen. Kosegarten war ein Mann von Temperament und Mitgefühl. So ließ er ab 1806 das Kirchlein in Strandnähe bauen. Doch erst 1816, nach dem Abklingen der napoleonischen Kriegswirren, konnte es fertiggestellt werden. Das Altarbild von Philipp Otto Runge, Petrus auf dem Meer, blickt sowohl sich 1 mal schweres 1872 als Geschenk in staatlichen Besitz. Der Stralsunder Maler Erich Kliefert fertigte zwei Kopien, eine davon schmückt heute die Uferkapelle in Vitt.

23 Menschen leben in den 13 strohgedeckten Häuser des denkmalgeschützten Fischerdorfes, das sich in eine Hochuferschlucht schmiegt. Tobias Bredow, der letzte hauptberufliche Fischer, fängt seine Fische mit Stellnetz, Reuse und Langleine. Wenn er mit seinem Boot anlandet, holt er noch am Strand die Heringe aus den Netzen. Nach dem Hering im Frühjahr kommen der Hornfisch, auch Maifisch genannt, und der Dorsch. Etwas später, in der Aalzeit, geht es schon morgens um 2 Uhr hinaus auf das Meer. Mit der Kälte kommt der Lachs. Doch heute lebt kaum ein Fischer mehr vom Fischfang allein. Fischer Bredow hält sich mit einer kleinen Räucherei über Wasser: ein Familienbetrieb, der den Schornstein des Räucherofens würzig duftend qualmen lässt.

Die beiden Leuchttürme am Kap Arkona, der rote Schinkelturm und der hohe neue Turm, sind ein ungleiches Paar (oben). Es ist nur eine Frage der Zeit, bis die Abbruchkante der Küste die Türme erreicht haben wird.

45 m hoch ist die Steilküste auf der Halbinsel Wittow – Kap Arkona ist ein landschaftlich reizvolles Flächendenkmal mit bewegter Geschichte. Das Kap war immer wieder strategisches Sondergebiet, schon unter Heinrich dem Löwen, der 1168 gemeinsam mit Dänenkönig Waldemar die Tempelburg der Ranen stürmte. Auch für Urlauber war dieses Gelände lange Zeit tabu. Seit den 1990er-Jahren ist man bestrebt, das bis zum Ende der DDR militärisch genutzte Gebiet sinnvoll umzuwidmen, ohne die Spuren der Geschichte zu verwischen. Der Gemeinde gelang es, das Gelände erfolgreich touristisch zu erschließen.

Kap Arkona – Bunker, Türme, Kliff

Über 4 m hohe, bis zu 30 m lange neuzeitliche Bunker stehen dicht am Kliff. Der ältere stammt noch aus Wehrmachtszeiten, im jüngeren sollte die Führung der DDR-Marine die ersten zehn Tage nach dem Atomschlag überleben. Die Bunker wurden bald nach der Wende von der Gemeinde Putgarten (zu der Kap Arkona gehört) übernommen und nach und nach renoviert. In einem entstand eine Kunstgalerie, der andere dient als Ausstellungsraum zur Militärgeschichte des Ortes.

Zu den Bunkern benachbart liegen zwei Leuchttürme, der kleinere wurde 1828 in Betrieb genommen. Seine Baupläne stammen von niemandem geringeren als Karl Friedrich Schinkel. Schon 1905 war für diesen Turm „Feierabend". Seine Aufgabe übernahm der neuere und höhere Bruder, der mit 35 m Höhe den Schinkelturm um mehr als 15 m überragt. 1927 gesellte sich ein dritter Turm zu diesem Ensemble: Ein Marinepeilturm war errichtet worden. Dessen Seefunkfeuer sollte vor allem für die Eisenbahn-Fährlinie Sassnitz–Trelleborg die Navigationssicherheit erhöhen.

Heute sind alle drei Türme saniert und erfreulicherweise auch zur Besichtigung freigegeben. Der Marinepeilturm hat zudem eine Aussichtsplattform und bietet Raum für Kunstausstellungen. Im Schinkelturm kann man sich sogar trauen lassen.

Mehr als 700 000 Besucher genießen jährlich diese Baudenkmäler sowie die spektakuläre Steilküste, die sich aus Kreide und Geschiebemergel aufgebaut hat. Witterungseinflüsse führen immer wieder zu teils großen Abbrüchen. Die herabstürzenden Geröllmassen können auch gefährlich werden. So konnte im Januar 2012 ein zehnjähriges Mädchen unter Tonnen von Gestein nur noch tot geborgen werden.

Ludwig Gotthard Kosegarten (1758–1818)

Kosegarten war ein Mann von Bildung. Er studierte in Greifswald Theologie. Eine glückliche Fügung für Philipp Otto Runge war es, dass Kosegarten 1785 Rektor an der Knabenschule in Wolgast wurde. Schon früh hatte er erkannt, „dass der Beruf des jungen Mannes zum Künstler seit seiner Erschaffung entschieden gewesen sei." 1792 wurde Kosegarten Pastor in Altenkirchen und stellte Ernst Moritz Arndt als Hauslehrer ein. Schließlich erhielt der Pastor von Goethe eine Grabinschrift, die jedoch nie Verwendung fand. Vielleicht war der Spott des Dichterkollegen ob des Überschwangs und der Holprigkeit Kosegartenscher Dichtung nicht verborgen geblieben ist. So schrieb Schiller an Goethe, „dass gewissen Menschen nicht zu helfen sei, und dem da besonders hat Gott ein ehern Band um die Stirn geschmiedet". Kosegarten liegt bei der Kirche in Altenkirchen begraben.

Dichtung und Wahrheit über den berühmtesten deutschen Piraten

K laus Störtebeker ist tot – und alle applaudieren, denn auf der Naturbühne in Ralswiek stirbt der legendäre Seeräuber nur, um in der nächsten Spielzeit wieder aufzuerstehen. Seit 1993 wird sein Leben auf der Freilichtbühne vor dem Großen Jasmunder Bodden in Breitwandszenen immer wieder aufgeführt. Mit 370 000 Gästen pro Saison gehören die Störtebeker-Festspiele zu den erfolgreichsten Open-Air-Shows in Deutschland.

Eigentlich war das Leben dieses Mittelalter-Rebellen und seiner Gefährten schon zu Lebzeiten eine Legende. Es begann mit einer Seeräuberbande, die sich zwischen 1390 und 1395 um das mecklenburgische Herzoghaus scharte, das Herzog Albrecht in seinem Thronanspruch in Schweden gegen die dänische Königin unterstützte. Klaus Störtebeker stammte wahrscheinlich aus der Hansestadt Wismar und trieb seit 1393 gemeinsam mit Michael Gödecke sein Unwesen auf Ost- und Nordsee.

Alles nur Legende? Keineswegs. Wie ein anderer berühmter Pirat, Sir Francis Drake, betrieben Störtebeker und seine Mannen ihr freibeuterisches Handwerk im Spannungsfeld von Politik und Verbrechen.

Politik und Piraten

Beim Kampf gegen die Dänen gerieten auch immer mehr Schiffe der Hanse ins Visier der Piraten. Auf Druck der Hanse verloren die Piraten dann nach und nach ihre politische Unterstützung, so war es nur eine Frage der Zeit, bis es Störtebeker und den Seinen buchstäblich an den Kragen ging.

Am 20. Oktober 1401 wurde Störtebeker auf dem Grasbrook bei Hamburg enthauptet. 30 seiner Mitstreiter erlitten an diesem Tag das gleiche Schicksal. Auf Rügen soll der Legende folgend ein gigantischer Störtebeker-Schatz versteckt sein.

Es ist gesamt betrachtet kein Wunder, dass sich bald Künstler mit diesem

Bei der Seeschlacht auf dem Bodden versinkt allabendlich die Hanse-Kogge, um am nächsten Spieltag wieder auf Fahrt zu gehen.

Pferdegetrappel, Kanonendonner, brennende Hanse-Koggen auf dem Großen Jasmunder Bodden verwandeln die Naturbühne Ralswiek in Störtebekers Welt.

Piratenstoff befassten. 1701 schrieb der Komponist Reinhard Keiser eine Oper namens *Störtebeker und Jödge Michels*. Leider ist davon nur noch das Libretto erhalten. 1919 erschien ein erster Film unter der Regie von Ernst Wendt. Mindestens drei weitere folgten, der jüngste ist ein Spielfilm aus dem Jahr 2009 unter dem Titel *12 Meter ohne Kopf*. 2004 erschien auch ein Comic: *Störtebeker: Freunde und Feinde*. Und 2008 wurde schließlich der *Störtebeker SV* in Hamburg gegründet. Dessen 2009 eröffnete Sportplatz in der HafenCity ziert sogar ein Störtebeker-Denkmal.

Auf der Naturbühne von Ralswiek vermischen sich Dichtung und Wahrheit zu einem grandiosen Spektakel, bei dem Festungsmauern wanken und Schiffe in Flammen aufgehen. Der blonde Klaus Störtebeker, Anführer der Vitalienbrüder, gibt sich so stark und trinkfest, wie man es seinem historischen Vorbild nachsagt. Dieser soll einen Teil seiner Beute an die Armen verteilt haben. Der Volksmund nannte die Truppe um den Robin Hood der Meere „Likedeelers", was so viel wie „Gleichteiler" heißt. Und so leben die Likedeelers weiter – auf der Bühne in Ralswiek.

Mit 96 hellen, modernen Zimmern vertreibt die längste Jugendherberge der Welt in Prora dunkle Schatten der Vergangenheit.

Der Koloss von Prora

Seit 2011 gibt es die „längste Jugendherberge der Welt", dicht an einem der schönsten Strände der Insel Rügen. Ein sonniger Ort mit durchaus dunkler Vorgeschichte. 1936 sollte hier im Auftrag der nationalsozialistischen Organisation Kraft durch Freude (KdF) die größte Badeanstalt der Welt entstehen, eine wahrhaft gigantische Bettenburg aus Beton, Stahl und verputztem Dackstein mit strammem Blick zum Meer. 20 000 Urlauber sollten in 2,5 mal 5 m großen Zimmern die Volksgesundheit pflegen. Einige, schon fast wahnwitzige Gerüchte halten sich im Umfeld des Riesenbaus: So wurde 1936 tatsächlich einmal erwähnt, es werde eine U-Bahn zur Erschließung gebaut. Hinweise auf eine Planung hat man jedoch nicht. Auch soll eine U-Boot-Durchfahrt unter der Insel hindurch existieren. Das kann man aber wohl ins Reich der Legenden verbannen. Da spricht schon das vorhandene Flachwasser dagegen.

Nach der Wende war das gesamte Areal kurzfristig im Besitz der Bundeswehr, es tat sich anschließend kaum etwas in der 4,5 km langen Anlage, die als eine der umstrittensten Immobilien der Republik galt. Genau 141,35 m misst nun der für gewaltige 16,8 Mio. Euro sanierte Teil von Block V des „Koloss von Rügen". Heute wirbeln Kinder durch die langen Gänge. Ihr fröhliches Lachen vertreibt die Dämonen der Vergangenheit – viele sind auf Klassenfahrt hier.

Das Prora-Zentrum klärt über die NS- sowie die DDR-Zeit in Prora, auf Rügen und in Mecklenburg-Vorpommern auf.

Weiß wie die Unschuld sind nun auch die schier endlos langen Flure, bunt wie das Leben ist das Mobiliar in den lichtdurchfluteten Zimmern. „Wir wollten aber nichts übertünchen", sagt Dennis Brosseit, der Jugendherbergsvater, „das riesige Gebäude wirft auch so genug Fragen auf." Die will man gemeinsam mit dem benachbarten Prora-Zentrum beantworten, in dem man sich gleichermaßen mit der NS- und der DDR-Zeit Proras befasst.

Vor den Fenstern rahmt die Prorer Wiek das Meer. Am Horizont sieht man die Fähren, die vom Sassnitzer Hafen Mukran nach Schweden, Dänemark, Finnland, Russland und ins Baltikum ziehen. Im Nordwesten der Bucht liegt die Halbinsel Jasmund mit den berühmten Kreidefelsen und Buchenwäldern, 4 km in südöstliche Richtung sind es bis in das mondäne Binz. „Her mit dem schönen Leben", hat jemand auf dem Weg dorthin keck an die Kaimauer gesprayt, die sich bastionsartig in die Ostsee schiebt.

Nach Kriegsende wurde demontiert, gesprengt und abgerissen. Nach der sowjetischen Armee bezog die kasernierte Volkspolizei den immer noch gewaltigen Baukörper und baute nach eigenem Gusto weiter. Ein motorisiertes Schützenregiment, ein Fallschirmjägerbataillon der Nationalen Volksarmee der DDR (NVA) und eine technische Unteroffiziersschule nutzten das Terrain. Großräumig wurde Prora zum militärischen Sperrgebiet und verschwand von der Landkarte. Bis 1990 waren hier an die 20 000 Soldaten stationiert, dann war Zapfenstreich. Seit 1991 ist das Gebiet entmilitarisiert und der schöne Strand wieder ein Geheimtipp. Die grauen Betonbauten belebt nun eine bunte Mischung u. a. aus Galerie, Großraumdisco, Museen und Dokumentationszentrum.

Über 4,5 km erstreckt sich in Prora eine der größten architektonischen Hinterlassenschaften der NS-Zeit, entworfen von Clemens Klotz im Stil einer gemilderten Moderne, der dafür 1937 auf der Weltausstellung in Paris einen Grand Prix erhielt.

Prora ist ein Vermächtnis dunkler Jahre, das heute zumindest teils fröhliche Verwendung gefunden hat.

Künstlerinsel Hiddensee –
Boddendörfer und unberührte Natur

Das kleine Eiland vor Rügen war Nische, Refugium und Künstlerkolonie. Von Musen und Sonne geküsst, ist die autofreie Insel noch heute voller Poesie.

Sonnenstrahlen durchbrechen die Wolkenwand und ein orangefarbener Streifen entflammt den Horizont. Für Wanderer Poesie des Augenblicks. Für Maler ewiges Motiv. Für Meteorologen reine Physik: das viele Wasser rings um Hiddensee und die Reflektion des Sonnenlichts sorgen für reizvolle Effekte. Im 1998 von Jörg Kachelmann gegründeten Wetterstudio unten am Hafen von Kloster wird die Frage, welche der Ostseeinseln die mit der längsten Sonnenscheindauer ist, beantwortet. Es ist Usedom, nicht Hiddensee. Aber auch Hiddensee kann immerhin mit rund 1900 Sonnenstunden im Jahr aufwarten. Die Niederschlagsmengen sind im Jahresschnitt gering.

Hiddensee ist 18,6 km lang und zwischen 300 und 3000 m breit. Lediglich wenig mehr als 1000 Insulaner verteilen sich in den vier Orten Grieben, Kloster, Vitte und Neuendorf über Hiddensee. Der älteste und kleinste Ort ist Grieben. Mit Scheunen und bunten Bauerngärten liegt das einstige Fischerdorf im Norden der Insel, zwischen Boddenwiesen und den Hängen des Dornbuschs. Ginster und Sanddorn überziehen das Dornbuscher Berg-

Auf der autofreien Insel Hiddensee kommt man nur mithilfe von eigener oder fremder Muskelkraft voran. Zumeist sind es Mecklenburger Kaltblutpferde, die die nostalgischen Kutschen und Kremser ziehen.

land, dessen höchste Erhebung mit 72 m der Schluckswiekberg ist. Der hier 1880 erbaute Leuchtturm ist das Wahrzeichen der Insel. Sein Licht strahlt aus 100 m Höhe etwa 45 km weit hinaus auf das Meer. Der Blick vom Ausguck des Turmes schweift über das Inselreich, über den schnell wachsenden Nehrungshaken östlich von Grieben, zur Fährinsel östlich der Heide und zum Gellen am entgegengesetzten Ende der Insel – allesamt Vogelschutzgebiete, die man zu Fuß nicht erreichen kann. Wie ein weißes Band ziehen sich über 10 km Badestrand entlang der Westküste Hiddensees. Der Wald auf dem Dornbusch ist jung. Eine Flurkarte von 1838 zeigt die Insel fast kahl. Schon seit der Besiedlung durch die Slawen wurde Holz geschlagen; den Rest vernichtete Wallensteins Strategie der verbrannten Erde. Erst im 19. Jh. wurde mit der Aufforstung des Kliffrands im Norden begonnen.

Hiddensee ist eine von privatem Autoverkehr freie Insel. Vom Schiff aufs Fahrrad oder in die Pferdekutsche zu steigen ist auf Hiddensee nicht Nostalgie, sondern Alltag. Landen die Fähren in den Häfen von Kloster, Vitte oder Neuendorf an, erwarten Fuhrwerke ihre Gäste. Fahrradgeklingel mischt sich mit dem Rattern der Kofferwagen und mit Möwenschreien. Kloster ist Sammelort der zahlreichen Tagestouristen und Kulturzentrum der Insel. Noch heute gilt, was bereits um 1900 in einer Werbeschrift stand: „Wie Kloster infolge der Nähe des romantischen Berglandes stets Hauptort für den Ausflugsverkehr bleiben wird, so wird Vitte von Jahr zu Jahr mehr und mehr seinen Bade- und Strandleben-Verkehr vergrößern und ausbilden." Seinen Namen verdankt der Ort dem 1296 gegründeten Zisterzienserkloster,

Der Leuchtturm auf dem Dornbusch ist 28 m hoch; zur Aussichtsgalerie sind immerhin 102 Stufen bzw. 20 Höhenmeter zu erklimmen. Ab Windstärke 6 bleibt der Turm jedoch vorsichtshalber geschlossen.

Wie ein weißes Band ziehen sich über 10 km Badestrand an der Westküste entlang.

einer Tochtergründung des Klosters Neuendorf (Franzburg), dem der Rügenfürst Witzlaw II. die Insel einst schenkte. Doch schon als 1648 die Schweden die Insel übernahmen, soll von den Klostergebäuden nur noch wenig vorhanden gewesen sein. Dort, wo heute die Inselkirche steht, deutet noch ein Torbogen, das Klostertor, die einstige Existenz des Klosters an. Der Kirchhof, dessen Grabmäler Namen wie Hauptmann und Palucca sowie typische Inselnamen wie Schluck und Gau tragen, ist Hiddensees Kulturgeschichte.

Wegbereiter für Dichter und Künstler

1986 wurde auf den Anhöhen des Dornbuschs über Nacht ein Gedenkstein aufgestellt und schnell wieder von offizieller Hand entfernt. War er doch nicht angemeldet und galt einem Theosophen. Alexander Ettenburg (1858–1919) war Schauspieler und gebildeter Kauz, aber auch der Protagonist der späteren Entwicklung Hiddensees zur Künstlerinsel. Schon 1888 lernte Ettenburg die Insel kennen und rührte von da an die Werbetrommel. Er verfasste den ersten Reiseführer von Hiddensee und schickte ihn an bekannte Künstler: „Und bist ein Künstler, Dichter Du:/Kehr ein auf Hiddensee!/Wie Gerhart Hauptmann find'st hier Ruh'/Im Wald auf Bergeshöh'!" Dort, wo heute das Hotel *Klausner* steht, gründete er seine Bergwaldschänke *Eremitage auf Tannhausen* und in der Swantewitschlucht führte er auf einer Naturbühne eigene Stücke sowie Grillparzers *Sappho* oder Goethes *Iphigenie*

Die Neuendorfer Fischerei beleben fünf Fischer mit ihren drei Kuttern. Im Hafen legen immer mehr Freizeitboote an, für die es eine gute Infrastruktur gibt. In der Feriensaison steuern außerdem Ausflugsboote die kleinen Häfen von Barhöft und Born an.

1943 verließ Gerhart Hauptmann für immer sein Haus. Alle Räume, auch das Arbeitszimmer des Dichters, der gerne am Stehpult arbeitete, zeigen noch die originale Einrichtung. Um den authentischen Eindruck zu bewahren, wurde weitgehend auf Hinweistafeln oder ähnliche dokumentarische Begleitung verzichtet.

auf. Der Zulauf war groß, auch wenn Clara von Sydow pikiert vom „Oberpriester mit Kling-Klang-Pathos" sprach. Wirklich ernst hat man den weltumarmenden Träumer nie genommen. Ettenburg wurde zur tragischkomischen Figur, ein Original und immer verkannt. Er starb 1919 vereinsamt und vergessen in Stralsund.

Produktive Jahre auf Hiddensee

Auch der Dichter Gerhart Hauptmann (1862–1946) schuf sich auf Hiddensee seine Einsiedelei und ging oft in Franziskanermönchskutte meditierend den Strand entlang – ein verkannter Sonderling war der Autor der Komödie *Der Biberpelz*, der Erzählung *Bahnwächter Thiel* oder des Dramas *Die Weber*, der 1912 den Literaturnobelpreis erhalten hatte, jedoch nicht. 1885 kam der Dichter Gerhart Hauptmann zum ersten Mal auf die Insel. In einem kleinen Gasthof im Klosterweg schrieb er seine *Mondscheinlerche*. Als er elf Jahre später im Gasthof Freese in Vitte einkehrte, wo er seiner Geliebten und späteren Gattin Margarete Teile seines Märchenspiels *Die versunkene Glocke* diktierte, war er bereits ein gefeierter Bühnendichter. Er erwog den Kauf des Gasthofes *Heiderose* zwischen Vitte und Neuendorf und der *Lietzenburg* des Malers Oskar Kruse in Kloster. 1924 mietete Hauptmann die gesamte erste Etage der Künstlerpension *Haus am Meer*, in der auch schon Ernst Barlach und Ernst Toller logiert hatten. Als zur selben Zeit Thomas Mann mit Familie die zweite Etage bezog, kam es rasch zu Verstimmungen zwischen den beiden Dichterfürsten. Thomas Mann ließ sich auf dieser Reise von seinem Dichterkollegen zur Figur des Mynheer Pieter Peperkorns inspirieren. Hauptmanns Aufenthalt auf Hiddensee kam seinem Roman *Die Insel der großen Mutter* zugute: „Ich hätte sie wohl nie geschrieben, hätte ich nicht jahrelang auf Hiddensee die vielen schönen, oft ganz nackten Frauenkörper gesehen und das Treiben dort beobachtet."

1930 erwarb er für 32 000 Mark *Haus Seedorn* in Kloster. Ein Dresdener Architekt, ein Vertreter der Neuen Sachlichkeit, erweiterte das Haus um das

Der Inselpastor von Hiddensee

Es Ist Sonntag zehn Uhr. Über den matschigen Kirchweg von Kloster pilgern stille Gestalten in das kleine Gotteshaus. Im Sommer mehr Feriengäste als Insulaner. Das hübsche Kirchlein lockt zur besinnlichen Einkehr. Doch auch die Hiddenseer sind gläubige Menschen. Zumindest, wenn man dem Kirchenregister glaubt: Etwa die Hälfte der 1200 Insulaner sind Kirchenmitglieder. Das ist ungewöhnlich für ostdeutsche Verhältnisse.

Die Gesichter der heimischen Sonntagskirchgänger verraten aber auch, dass Hiddensee nicht dem Schicksal aller Inseln entgeht, ein Ort der Alten zu sein. Unterm Rosenhimmel des Kirchenschiffs schwebt der Taufengel aus Lindenholz, fröhlicher Bauernbarock, doch nur wenige Kinder werden noch auf Hiddensee geboren. Und die werden später die Insel verlassen, für einen Ausbildungsplatz, für eine eigene Wohnung, für ein bisschen Weltläufigkeit.

Das Neue im ewig Gleichen

Der Pastor hingegen, groß, schlank und noch ein wenig nervös, ist erst vor wenigen Jahren auf die Insel gekommen. Er predigt an diesem Morgen über Ewigkeit. In seiner Amtsstube steht die Uhr stets auf Sommerzeit.

Seine erste Saison „sei nur so vorbeigerauscht", sagt der 1965 geborene Pastor, der bis 2008 die evangelische Studentengemeinde in Greifswald betreut hat und ohne Talar selbst so viel jünger aussieht. Ewigkeit ist für Pastor Conrad Glöckner das, was dem Leben Gewicht verleiht. Und es ist diese Sehnsucht nach Ewigkeit im gegenwärtigen Moment, die die Menschen auf die Insel treibt. Besonders während des Winters. „Dann ist das Ablenkungsangebot hier äußerst beschränkt", sagt der Pastor, „und man ist der überwältigenden Natur ausgesetzt." Das hat therapeutische Wirkung.

Die kleine Inselkirche in Kloster ist das älteste erhaltene Gebäude Hiddensees. 1781/82 wurde sie jedoch dem damaligen Zeitgeschmack entsprechend umgebaut.

Der damalige Umbau brachte größere Fenster, so kann der Gottesdienst in einem hellen Raum gefeiert werden. Der unter dem Rosenhimmel schwebende Engel kümmert sich seit 1750 um die Kirche.

Die Antwort, wie das so entfremdete Leben wieder heil werden kann, liegt für den Pastor natürlich in der Beziehung zu Gott. Und Gott scheint einem hier unter dem hohen Himmel besonders nah zu sein.

Die Spaziergänger am Strand, einzeln, manchmal zu zweit, gehen immer wieder dieselben Wege, doch immer in einem anderen Licht, immer bei anderem Wetter, um so im ewig Gleichen das Neue zu entdecken und „stolpern dabei über die eigene Seele", wie Pastor Glöckner es ausdrückt. „Man kann sich hier nicht entrinnen, die Tage bedeutungsschwerer Ereignislosigkeit werfen die Menschen auf sich selbst zurück", ein sanftes Lächeln huscht über sein Gesicht und er erinnert daran: „Das hat Tradition. Schließlich war Hiddensee im Mittelalter eine Klosterinsel, ein Ort der Meditation also, wo man im Wechsel von Beten und Arbeiten, in Wiederholung und Gewohnheit gelebt hat. Heute nennt man das Erholungswert."

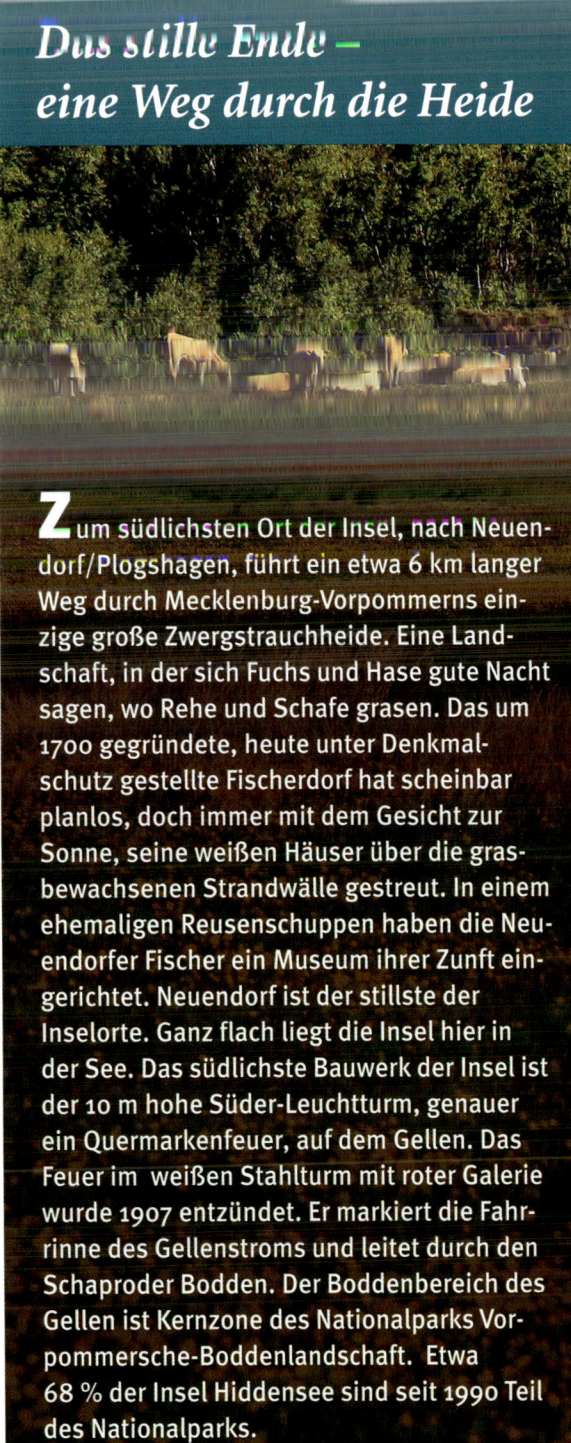

Das stille Ende –
eine Weg durch die Heide

Zum südlichsten Ort der Insel, nach Neuendorf/Plogshagen, führt ein etwa 6 km langer Weg durch Mecklenburg-Vorpommerns einzige große Zwergstrauchheide. Eine Landschaft, in der sich Fuchs und Hase gute Nacht sagen, wo Rehe und Schafe grasen. Das um 1700 gegründete, heute unter Denkmalschutz gestellte Fischerdorf hat scheinbar planlos, doch immer mit dem Gesicht zur Sonne, seine weißen Häuser über die grasbewachsenen Strandwälle gestreut. In einem ehemaligen Reusenschuppen haben die Neuendorfer Fischer ein Museum ihrer Zunft eingerichtet. Neuendorf ist der stillste der Inselorte. Ganz flach liegt die Insel hier in der See. Das südlichste Bauwerk der Insel ist der 10 m hohe Süder-Leuchtturm, genauer ein Quermarkenfeuer, auf dem Gellen. Das Feuer im weißen Stahlturm mit roter Galerie wurde 1907 entzündet. Er markiert die Fahrrinne des Gellenstroms und leitet durch den Schaproder Bodden. Der Boddenbereich des Gellen ist Kernzone des Nationalparks Vorpommersche-Boddenlandschaft. Etwa 68 % der Insel Hiddensee sind seit 1990 Teil des Nationalparks.

große Arbeitszimmer, Terrasse und Kreuzgang. Den kahlen Platz davor ließ Hauptmann bepflanzen. Das Gebäude ist noch heute im authentischen Zustand erhalten, samt Weinkeller, in dem das Olympische des Dichters dionysische Züge bekommt. Zwei Flaschen Rotwein, am besten „Ihringer Winklerberg", und ein wenig Akt erklärte er stets zum Tagesquantum eines gesunden Mannes. Über seinem Bett zeugen Wandkritzeleien von unruhigen Nächten: „Schweigen ist die größte Kunst" und „Es lohnt sich nicht mehr". Es ist die Jahreszahl 1939, die den Inschriften Spannung verleiht. Hauptmann war weder Widerständler noch Nationalsozialist; von den Nazis teils hofiert, teils zensiert, war seine Rolle im „Dritten Reich" ambivalent. „Was kann mir schon passieren" schrieb er. „Ich bin alt. Außerdem habe ich für jede Partei ein Stück geschrieben: bei den Nazis kann ich mich auf *Florian Geyer* berufen … bei den Kommunisten auf *Die Weber* und bei den Klerikern aufs *Hannele*." Sein alter Freund Alfred Kerr wendete sich von ihm ab, während Thomas Mann schrieb: „Ich kann es dem alten Hauptmann nicht übel nehmen, dass er schweigt. Was soll er sich um Habe und Vaterland reden?" 1943 verbrachte Hauptmann seinen letzten Sommer auf Hiddensee. 1946 wurde der Literat auf dem kleinen Friedhof zu Grabe getragen. Bereits 1956 wurde sein Haus als Gedenkstätte eingeweiht.

„Nackt im Sande …"

„Wiese und Meer! Meer und Wiese und Wind! Wind, Sturm und ewig brandende, rauschende, donnernde Flut! … Diese Eindrücke zwingen die Seele zur Einfachheit. Alles Gekünstelte, alles Städtisch-kulturell-aufgedrängte fällt von ihr ab", schrieb Gerhart Hauptmann 1896. Dass über die Schönheit dieses Eilandes eigentlich schon alle Strophen gesungen wurden, liegt an der Eigenart seiner Gäste. „Nackt im Sande/Purzeln Menschen, selig töricht", dichtete Ringelnatz, der gerne bei seiner Seelenfreundin Asta Nielsen weilte im „Karussell", dem von Max Taut in Form eines Karrussells erbauten blau-weiß-gestreiften Sommerhaus in den Wiesen von Vitte. Auch „Malweiber" zogen über die Insel. Die Malerin, Schriftstellerin und Musikerin Henni Lehmann (1862–1937) ließ sich 1907 am Norderende in Vitte ein Haus, die *Blaue Scheune*, erbauen. Hier gründete sich 1922 der Hiddenseer Künstlerinnenbund. Die Insel Hiddensee zählt neben Worpswede, Ahrenshoop,

Schwaan und Ferch zu den Norddeutschen Künstlerkolonien. Die Liste klangvoller Namen von Gästen ist lang. Unter anderem besuchten Sigmund Freud, Albert Einstein, Bert Brecht, Max und Käthe Kruse, Hans Fallada, Rainer Maria Rilke und Stefan Zweig das Eiland. Auch nach 1945 wurde die Insel Refugium und Nische. Aussteiger, Lebenskünstler und DDR-Prominenz ließen am Strand ihre Hüllen fallen. Der Sänger Ernst Busch und die Schauspielerin Inge Keller bauten ihr Haus in der Heide. Walter Felsenstein, Intendant der Deutschen Oper, durfte sogar mit dem Auto auf Hiddensee fahren. Gret Palucca (1902–1993), die Meisterin des Ausdruckstanzes, verlebte seit 1948 ihre Sommer auf Hiddensee. Der Schriftsteller Benno Pludra siedelte sich in Vitte an und verhalf mit seinem Kinderbuch *Lütt Matten und die weiße Muschel* Hiddensee zu weiterer Popularität. Bis heute wird die Verfilmung im Zeltkino gezeigt.

Zum Anziehungspunkt für „Systemaussteiger" wurde ein Lokal in Vitte. Die Geschichte von Gurke, dem Kellner vom heutigen *Godewind*, das man auch für eine Berliner Szenekneipe halten könnte: Fenstertüren, viel Holz, Tageszeitungen, steht für viele Lebensgeschichten von damals. Wegen „Staatsverleumdung und Widerstand gegen die staatlichen Maßnahmen" hatte man ihn einst ins Gefängnis gebracht. Danach hieß es für ihn: ab auf die Insel. Hier war das Leben dann eine einzige Party. Noch heute schwärmt Gurke von den legendären Konzerten der Berliner DDR-Punkband „Feeling B". Die beiden Inselpolizisten ließen die Nischensucher auf der Insel der kleinen Freiheit mit dem weiten Ausblick bis zur unerreichbaren Nachbarinsel Møn in Dänemark in Ruhe.

Literarische Widerspiegelung als Aussteigerinsel findet Hiddensee in dem Roman *Der Spaziergang von Rostock nach Syrakus*. F. C. Delius lässt seinen Protagonisten Paul Gompitz, bevor er 1988 über die Ostsee gen Westen segelte, auf dem Dornbusch, im *Klausner*, als Kellner arbeiten. Genau dort, wo auch Christoph Hein seinen Helden, den unangepassten Historiker Dallow, aus *Der Tangospieler* Eis verkaufen lässt.

„Das freundliche Dörflein, das an des Hochlands Fuß sich lehnend, links durch die Bergwand eingeengt und rechts durch die Meerflut bis zu des Eilands nördlichem Eck fortläuft in sparsam zerstreuten Hütten", schrieb Ludwig Kosegarten im Jahr 1804 über Grieben, die älteste Ortschaft auf Hiddensee.

Heuwiese, Liebitz, Walfisch …
die kleinen Inseln

Tiefe Buchten und Bodden, manche große und auch viele
kleine Inseln machen den Küstensaum abwechslungsreich. Kein
Wunder, dass hier unzählige Vogelarten rasten und brüten.

Auf den weiten Salzgraswiesen finden zahlreiche Watvögel Nahrung in Hülle und Fülle. Die seltenen Alpenstrandläufer kommen vor allem auf den Windwatten der kleinen Insel Kirr vor.

So manche Insel ist winzig und umfasst weniger als 0,01 km². Wie die Inseln Heuwiese, Kirr und die Barther Oie liegen etliche im Nationalpark Vorpommersche Boddenlandschaft. Die meisten dieser Eilande sind ausschließlich den Vögeln vorbehalten. Auf der 14 ha großen Insel Heuwiese, 2 km südlich von Ummanz/Rügen, fühlen sich vor allem Kormorane wohl. Daneben brüten Höckerschwäne, Flussseeschwalben sowie verschiedene Möwen- und Entenarten. Schon 1939 wurde die Insel vor allem aufgrund ihrer Bedeutung als Brutstätte für Küstenvögel unter Schutz gestellt. Die 41 ha große Moräneninsel Liebitz im Kubitzer Bodden gilt als eine der größten Sturmmöwenkolonien Mecklenburg-Vorpommerns. Über der 370 ha großen Salzgrasinsel Kirr im Barther Bodden vor der Halbinsel Fischland-Darß-Zingst tönen die Rufe dutzender Vogelarten. Über den weiten Salzgraswiesen flattern Lach-, Sturm- und Silbermöwen. Etwa 300 bis 400 Brandseeschwalbenpaare bauen sich ihre Nestmulden im Gras. Einzig auf der Kirr brüten deutschlandweit noch Alpenstrandläufer und nur dort lebt auch noch das

letzte mecklenburg-vorpommersche Brutpaar des Kampfläufers. Ein Teil des sich nur einen Meter über den Meeresspiegel erhebenden Eilands wird noch heute als Weidefläche genutzt. Seit 1972 ist die Insel Kirr Vogelschutzgebiet und seit 1990 als Schutzzone II des Nationalparks für den gewöhnlichen Vogelliebhaber nur noch aus der Ferne zu betrachten. Aber da die Insel nur etwa 50 m vom Festlandufer entfernt liegt, lässt sie sich gut von einer der Aussichtsplattformen auf dem Zingster Deich-Radweg beobachten. Diese sind ebenso im Herbst, wenn sich Tausende Kraniche im flachen Wasser zur Ruhe begeben, attraktive Beobachtungsposten. Als Möweninsel gilt die unbewohnte, immerhin rund 68 ha große Nachbarinsel, die Barther Oie im Barther Bodden.

Die Insel Kirr südlich von Zingst ist eines der letzten Küstenüberflutungsmoore an der deutschen Ostseeküste. Auf den geschützten Salzgraswiesen brüten über 20 verschiedene Küstenvogelarten.

Der Walfisch verlor seine Form

Die einst strategisch wichtige Insel Walfisch in der Wismarbucht, zwischen der Hansestadt und der Insel Poel gelegen, ist historisch interessant, verstecken sich hier doch Reste einer Wallenstein'schen Sternenschanze und Überbleibsel der von den Schweden während des Dreißigjährigen Krieges erbauten steinernen Bastion. Doch ist diese Insel für Hobbyarchäologen gesperrt. Nur die Ornithologen der Vogelwärterstation haben Zutritt. Lange Zeit bedrohten Wind und Wellenschlag die Insel. Ihre walfischartige Form hatte sie im Laufe der Zeit durch Erosion bereits verloren. Daher versuchte man die Insel schon 1940 durch Sandvorspülungen zu erhalten. Als in den 1950er-Jahren

Die kleinen Inseln sind Paradiese für Flora und Fauna – und manche für den Menschen gesperrt.

der Inselkern nur noch 1,2 ha groß war, wurde die Ostseite auf einer Fläche von 11,5 ha bis zu 3 m hoch aufgeschüttet. Schnell eroberten Küsten-, Fluss-, Zwerg- und Brandseeschwalben die neu gewonnenen Flächen als Brutgebiet.

Der Ruden – Kleinod in der Peenemündung

Einst soll die etwa 24 ha große Insel Ruden von der rügenschen Halbinsel Mönchgut nur durch einen schmalen Wasserlauf getrennt gewesen sein, den man über als Trittstelle dienende Pferdeschädel habe überqueren können.

Gerade die kleinen Inseln verändern sich beständig unter der Einwirkung von Wind und Wellen.

Seit der großen Sturmflut von 1304 aber war die Insel unbewohnt. Erst im 17. Jh. richteten die Dänen hier eine Zollstation ein, um die Peenemündung und den Hauptschifffahrtsweg nach Wolgast und Stettin kontrollieren zu können. Als unter den Preußen die Swine schiffbar gemacht wurde, verlor die Zollstation zwar ihre Bedeutung, doch hatten die Lotsen weiterhin eine wichtige Funktion. „Die Bucht zwischen Rügen und Pommern ist so seicht, dass nur Fischerboote in derselben kreuzen können; größere Fahrzeuge müssen die künstlich geschaffenen Rinnen innehalten, wollen sie nicht auf den Sand gerathen", hieß es 1883 im Wolgaster Anzeiger. Das Leben der Lotsen auf dem Ruden war schwer. Es gab kein Trinkwasser, es bestand die Gefahr, von den Fluten überrollt zu werden. Sturmfluten veränderten auch die Gestalt der Insel. Der ohnehin kleine Ruden verlor in den vergangenen 300 Jahren etwa ein Drittel seiner Fläche.

Seit 1925 gehört der Ruden zum Naturschutzgebiet „Peenemünder Haken, Struck und Ruden". 1961 zählte man 21 Inselbewohner und 20 Soldaten der Grenzbrigade Küste. Der Ruden war Grenzstation. Doch schon eine Diktatur früher wurde die Insel militärisch genutzt. Von einem damals errichteten Turm beobachtete man die Flugbahnen der Peenemünder Raketen. 1972 verließ der letzte Lotse die Insel. Seit 1991 ist der Ruden wieder bewohnt. Der Beobachtungsturm (mit Aussichtsplattform) dient als Informationszentrum. In diesem Rückzugsgebiet für seltene Tier- und Pflanzenarten brüten Gänsesäger und Karmingimpel, blühen Karthäuser-Nelke und Stranddistel. Sogar Kegelrobben und Fischotter hat man hier sichten können. Von Peenemünde läuft ein Fahrgastschiff den Seglerhafen an. Die Überfahrt dauert etwa eine Dreiviertel Stunde. Der Landgang ist nur wenige hundert Meter kurz, denn der gesamte Nordteil der Insel bleibt der Natur vorbehalten. Bis 2003 betreute ein Hafenmeister als einziger Inselbewohner die Insel. Danach haben zwei Naturschutzwarte die freiwillige Isolation gewählt.

Über 10 000 Gäste steuern jährlich mit dem Fahrgastschiff Ruden an, um die Vogelinsel und das kleine Museum zu besichtigen sowie die Aussicht vom ehemaligen Funkturm zu genießen.

Greifswalder Oie – den Naturgewalten ausgesetzt

Auch die Greifswalder Oie ist nach rund 50 Jahren militärischer Nutzung heute Naturschutzgebiet und nur begrenzt zugänglich. Dort leitet heute ein Vogelkundler die Biologische Station „Walter Banzhaf". Es ist die größte Vogelberingungsstation Europas, betrieben vom Verein Jordsand. Tausende Vögel fangen hier der „Herr der Ringe" und sein Mitarbeiter. Sie beringen, vermessen und registrieren. Allein im Jahr 2010 waren es 23 000 Vögel. Von Eisente bis Sperbergrasmücke und Karmingimpel – insgesamt wurden seit Beginn der naturkundlichen Beobachtungen im Jahr 1929 über 270 Vogelarten registriert.

Zwischen April und Oktober bringt ein Schiff Besucher von Peenemünde und Freest auf die Insel draußen im Meer, etwa 10 km vor Usedom und 12 km vor Rügen. Maximal sind es 50 Urlauber pro Tag, für zwei Stunden.

1550 m lang ist die Insel, maximal 570 m breit und auf ihrer Ostseite bis zu 19 m hoch. Wohl aufgrund ihres Leuchtturms vergleicht man sie gerne mit einem blasenden Wal. Der Grundstein für diesen Wegweiser für die aufblühende Seeschifffahrt wurde 1853 gelegt. 20 Jahre später entstand zudem ein Fischerei-Nothafen. Naturgewalten ließen die Küstenlinie der Insel in den letzten 1000 Jahren 300 bis 400 m zurückweichen. Vom Versuch, sie durch eine breite Dornenhecke zu schützen, blieben nur Reste übrig. Erst der Bau einer Uferschutzmauer (1893–1913) rings um die Insel brachte Erfolg. Nach den Winterstürmen erwacht die Insel im Frühjahr zu einem blühenden Eiland. Der würzige Duft des Bärlauchs weht über die Insel.

Seit über 150 Jahren ist der Leuchtturm auf der nordöstlichen Spitze der Greifswalder Oie in Betrieb, der vom Wasser- und Sicherheitsamt Stralsund unterhalten wird und für Sicherheit auf See sorgt. Deshalb darf er auch von Touristen nicht bestiegen werden.

Die Hansestadt Greifswald –
ein Kleinstadtidyll mit Universität

Von Weitem sieht man das Weichbild der Stadt in sanftem Licht
inmitten einer durch einen Fluss geschaffenen Niederung liegen
fast noch so, wie Caspar David Friedrich die Stadt malte.

Der Blick von Norden auf die Altstadt von Greifswald wurde durch Caspar David Friedrichs Gemälde *Wiesen bei Greifswald* weltbekannt. Das Panorama wird dominiert durch die Türme St. Jakobi, St. Nikolai und St. Marien (v.l.n.r.).

Dass die Stadt den von Stralsund kommenden Reisenden noch immer das jahrhundertealte Panorama zeigt, ist vor allem dem sumpfigen Wiesenland der Ryckniederung zu verdanken. Hoher Himmel wölbt sich über der mittelalterlichen Silhouette in der flachen Flussniederung. Einst gehörten die Salinen nördlich des schiffbaren, in den nahen Greifswalder Bodden mündenden Ryckflusses den Zisterziensermönchen. Sie kamen aus Esrom auf Seeland und ließen sich 1199 an jener Ausbuchtung des Greifswalder Boddens nieder, die später nach ihnen Dänische Wiek genannt wurde. Ein bis zu 7 m hoher Hügel südlich des Rycks bot in dem sumpfigen Gelände die einzige Möglichkeit, weiter nach Osten zu kommen, und somit einen idealen Handelsplatz. Das Salz machte die Zisterziensermönche reich. 1248 wird zum ersten Mal die neue Siedlung „Gripheswald" urkundlich genannt. An

Der Greifswalder Stadthafen beheimatet den größten Museumshafen Deutschlands (links). Über den Treidelpfad am südlichen Ufer des Flüsschens Ryck gelangt man vom Museumshafen zum Kloster Eldena. Die gotische Klosteranlage ist unter schwedischer Herrschaft zur Ruine verfallen.

jener Stelle, an der die Mönche der Legende nach einen vierfüßigen Greif nisten sahen, entstand 1250 aus dem *locus salis* die Stadt Lübischen Rechts. Bis heute ist der Greif das Greifswalder Stadtwappentier. Vom Kloster stehen noch die malerischen Reste der Klosterkirche und des Klausurflügels. Die Säkularisierung hatte einen Steinbruch aus dem Gotteshaus gemacht, bis Friedrich Wilhelm IV., auch durch die Bilder Caspar David Friedrichs darauf aufmerksam gemacht, eine Restaurierung anordnete.

Die Handelsstadt

Ein Stück weiter westlich entstand die sogenannte Neustadt. Mit dem Selbstverteidigungsrecht von 1264 wurden die Stadtwälle errichtet, heute grüne Promenaden. Das sicherte auch den Weg zur erfolgreichen Handelsstadt. Allerdings erreichte Greifswald als Hansestadt nie die Bedeutung von Stralsund oder gar Lübeck. Ein Grund hierfür war die versandende Fahrrinne des Ryckflusses. Die immer größeren Hansekoggen mussten ihre Ladung schon Ende des 13. Jh. an der Küste einige Kilometer vor der Stadt löschen. Noch immer aber fahren Schiffe auch über den Ryck bis in die Stadt, wo sich der Fluss zu einem Museumshafen weitet. Die 500 m lange Südseite des alten Stadthafens ist heute maritime Flaniermeile. Am Kai liegen etwa 40 Fischkutter, Zeesenboote, Frachtschiffe, Logger und Hafenbarkassen vertäut. Das kleine denkmalgeschützte Fischerdorf zwischen Fluss und Greifswalder Bodden ist mit seinen rohrgedeckten Häusern sowie mit seinem Segler- und Fischereihafen ein beliebtes Ausflugziel. Besondere Attraktion ist die historische Zugbrücke, die 1887 nach holländischem Vorbild erbaut wurde. Sie gilt als die älteste funktionstüchtige Klappbrücke Europas.

Die Nähe zum Meer ist immer zu spüren, dafür sorgt nicht zuletzt der Museumshafen.

Das Westportal der in der zweiten
**Hälfte des 13. Jh. erbauten
St. Jakobi-Kirche wird von einem
Greif, dem Wappentier der Stadt,
und einem Löwen, Symbol von
Macht und Recht, bewacht.**

**Der mittelalterliche Backsteindom
St. Nikolai überragt die Greifswalder
Altstadt; von seiner Aussichtsplattform in 60 m Höhe kann man bis
nach Rügen sehen.**

Der Lange, der Kleine, die Dicke

Natürlich gehörte der Marktplatz im Mittelalter dem Handel. Hanseatische Kaufleute hatten sich die besten Grundstücke am Markt und in den breiten, zum Hafen führenden Straßen gesichert. In der Fleischerstraße, Baderstraße, Knopfstraße und Steinbeckerstraße stehen noch stattliche Backsteinbauten, architektonische Zeugnisse aus hanseatischer Zeit. Die Ostseite des Marktplatzes schmückt sich mit zwei prächtigen Giebelhäusern. Greifswald hat den Zweiten Weltkrieg heil überstanden, da die Stadt 1945 kampflos an die Rote Armee übergeben wurde.

Unübersehbar prägen die drei mittelalterlichen Kirchen das Weichbild: der Lange Nikolai, der Kleine Jakob und die Dicke Marie, wie die Greifswalder ihre Gotteshäuser nennen. Im Langen Nikolai wurde 1456 nicht nur die Universität gegründet, sondern auch Caspar David Friedrich getauft. Der später bedeutendste Landschaftsmaler der deutschen Romantik kam am 5. September 1774 als sechstes von zehn Kindern in der Langen Straße 57 zur Welt. Sein Vater war Seifensieder und Kerzenzieher. Er erwarb das Grundstück 1765 und richtete sich neben dem Wohnhaus – das 1901 abbrannte – auf dem Hof seine Werkstatt ein. Der Backsteinbau birgt heute die einzigen authentischen Räume aus der Friedrichzeit. 2004 wurde das Caspar-David-Friedrich-Zentrum in der sanierten Friedrich'schen Seifensiederei eröffnet. Blickfang ist ein großer, nach unten spitz zulaufender Kessel, in dem noch bis zum 19. Jh. Seife gesiedet wurde. 2011 um das gesamte ehemalige Wohn- und Geschäftshaus erweitert, ist das Zentrum nun zugleich Ausstellungs-, Dokumentations- und Forschungsstätte. Friedrichs Werdegang, die Geschichte der Familie und des Hauses sowie des Seifen- und Kerzenhandwerks sind die Hauptthemen. Wer Greifswald mit den Augen des Malers sehen möchte, unternimmt einen Spaziergang über den Caspar-David-Friedrich-Bildweg. End- und Höhepunkt ist das Pommersche Landesmuseum, in dem Caspar David Friedrich mit sieben Werken vertreten ist, darunter seinem berühmten Bild *Ruine Eldena im Riesengebirge*.

Der Dom St. Nikolai, seit 2008 Kulturdenkmal von nationaler Bedeutung, war mit seiner 100 m hohen barocken Turmspitze das Wahrzeichen der aufblühenden Seehandelsstadt. Hier wurden Gebete geflüstert und Geschäfte gemacht. Die Kirche war der hanseatischen Bürgerschaft immer sowohl sakraler als auch profaner Raum. In der Bürgermeisterkapelle im südlichen Seitenschiff stehen hölzerne Aktenschränke. Im frühen

19. Jh wurde die 87 m lange Basilika zum Restaurierungs-
fall. Der Schinkel-Schüler Johann Gottlieb Giese veränderte den Raum im Geiste der damaligen Zeit und vereinte
romantische, klassizistische und neugotische Elemente. Die
Tischlerarbeiten führte Christian Friedrich, der Bruder
Caspar Davids aus.

Die „Dicke Marie", mit gedrungenem Turm, hohem
Satteldach und glattem Chorabschluss mit Schmuckgiebel,
ist die älteste der Greifswalder Kirchen. Seit 1275 als dreischiffige Kirche erbaut, haben sich hier vom ursprünglichen Inventar ein Relief der Grablegung Christi aus der
Zeit um 1500 und Ausmalungen in einer der Turmkapel-
len erhalten. Der „Kleine Jakob" schmückt sich an den
Portalen mit Formsteinen. Jedes Jahr im Mai erklingt
„Nordischer Klang" in St. Jakobi, der dem Schutzheiligen
der Fischer und Reisenden gewidmeten Kirche. Dieses
größte nordische Kulturfestival südlich der Ostsee will die
alten und neuen hanseatischen Beziehungen Greifswalds
zu den skandinavischen und baltischen Ländern unter-
streichen.

Die Universitätsstadt

Im 16. Jh. entwickelte sich die alte Hansestadt zu einer
Handwerkerstadt im Dienste der Universität. Noch heute
schlägt das Herz der Stadt im Rhythmus der Semester.
Knapp 12 500 Studenten kommen auf 54 000 Einwohner.
In Greifswald kennen die Professoren ihre Studenten noch
mit Namen, und befürchtete provinzielle Enge entpuppt
sich bald als familiärer Zusammenhalt. Noch zu Beginn des 19. Jh. waren
hier kaum mehr als 200 Studenten eingeschrieben. Damals wurde an den
klassischen Fakultäten der Philosophie, Juristerei, Medizin und Theologie
gelehrt – Fächer, die heute noch den Kern der Universität ausmachen. Hinzu
kam 1951 die mathematisch-naturwissenschaftliche Linie.

Die zahlreichen Backsteinbauten der Kaiserzeit prägen noch heute vor
allem den Nordwesten der Stadt. In der Klinik in der Loefflerstraße, deren
Bauten später Vorbild für die Berliner Charité wurden, studierte Ferdinand
Sauerbruch. 1933 erhielt die Universität den Namen eines anderen berühm-
ten ehemaligen Studenten: Ernst Moritz Arndt, der von 1791–1793 an der
philosophischen Fakultät studierte und 1800 promovierte. Die Ernst-
Moritz-Arndt-Universität Greifswald ist eine der ältesten akademischen
Bildungsstätten in Europa. Zudem ist die Uni Besitzerin wertvoller, vor allem
deutscher Kunstwerke. Das architektonische Prunkstück der akademischen
Kunstsammlung ist die barocke Aula im Hauptgebäude.

Das Wolfgang-Koeppen-Haus atmet Literatur

Wolfgang Koeppen, der zu den herausra-
genden Prosaschriftstellern der deutschen
Nachkriegszeit zählt, starb 1996 in seiner
Wahlheimat München. Wie sehr sich dem am
23. Juni 1906 in der Bahnhofstraße 4 unehe-
lich geborenen Außenseiterkind das Klein-
stadtmilieu damals albtraumhaft aufs Gemüt
legte, hat Koeppen später in seinem Buch
Jugend beschrieben. Mit Ehrendoktorwürde
und Ehrenbürgerschaft drückte die Stadt den
verlorenen Sohn in den 1990er-Jahren wieder
an die Brust. 1997 erwarb die Uni Greifswald
sogar Koeppens Nachlass. Doch erst 2002
wurde aus dem Geburtshaus Koeppens ein
Literaturzentrum. Das Archiv beherbergt
unter anderem die mehr als 10 000-bändige
Bibliothek Koeppens, Tausende Manu-
skriptseiten und 12 000 Briefe.

Sonneninsel Usedom – beliebt seit Kaisers Zeiten

Schon im 19. Jh. war „Usedom" wie ein Zauberwort, das Sonne, Meer und Erholung versprach. Bald löste die Eisenbahn die Postkutsche ab, so kam man der Insel noch „näher".

Die 1882 erbaute Ahlbecker Seebrücke ist gleichsam Wahrzeichen für die Insel Usedom und ihre Kaiserbäder geworden.

Usedom – das ist für Generationen von Berlinern ein anderes Wort für „früher". Die großen braunen Koffer im Flur, die lange Fahrt zum Peenestrom, wo schon damals die Angler tagein, tagaus ihre langen Schnüre ins Wasser hielten. Am Ufer das leuchtend rote Schindeldach des Lotsenturms von Karnin, das Dunkelgrün des Usedomer Forsts, hinter sieben Hügeln schließlich die Seebäder Ahlbeck, Heringsdorf, Bansin. Endstation Sommersehnsucht seit fast 200 Jahren. 42 km lang erstreckt sich der Strand zwischen Peenemünder Haken und Swinemündung. Bis zu 70 m ist dieser tief, geschmückt mit Seestegen und -brücken; es stört kein Hafen, kein Hochhaus dieses Idyll. Feriengäste flanieren über gepflegte Strandpromenaden, viele wie einst aus Berlin. Der treueste Stammgast auf Deutschlands zweitgrößter Insel ist jedoch die Sonne. Fast 2000 Stunden scheint sie im Durchschnitt pro Jahr auf Usedom.

Wege auf die Insel

Als Swinemünde in den 20er-Jahren des 19. Jh. erstes preußisches Seebad auf der Insel Usedom wurde, reisten die Sommerfrischler noch mit der Postkutsche an. Ab 1826 konnte man Swinemünde und Heringsdorf auch mit dem Schiff erreichen. Doch bald nannten die Insulaner ihre Badegäste „de Isenbahner", denn 1876 fuhr der erste Zug über die neu errichtete Bahnstrecke zwischen Ducherow bei Anklam und Swinemünde und passierte die Peene an einer 500 m breiten Stelle zwischen den Dörfern Kamp auf dem Festland und Karnin. Die alte Drehbrücke wurde 1933 durch eine Hubbrücke ersetzt, die nun eine Reisegeschwindigkeit von 100 km/h ermöglichte. Am 28. April 1945 wurde die Hubbrücke von den Deutschen gesprengt, um die Rote Armee aufzuhalten. Auch die etwas weiter nördlich den Fluss überquerende Straßenbrücke wurde zerstört. Heute rollt über diese 330 m lange Klappbrücke wieder der Autoverkehr. Von der Hubbrücke steht nur noch das 35 m hohe denkmalgeschützte Mittelteil im Strom. Seit Beginn der 1990er-Jahre bemüht sich der Verein Usedomer Eisenbahnfreunde um die Wiederbelebung der östlichen Zugstrecke als wirksame Maßnahme gegen den allsommerlichen Zusammenbruch des Straßenverkehrs auf der Insel.

2010 gründeten deutsche und polnische Politiker und Wirtschaftsvertreter auf dem Potsdamer Platz in Berlin das Aktionsbündnis „Karniner Brücke". Berlin–Usedom in zwei Stunden (das wäre eine Halbierung der

Die kleine Hafenstadt Wolgast, die zu den ältesten Siedlungen an der vorpommerschen Küste zählt und jahrhundertelang Residenz der pommerschen Fürsten war, ist das „Tor zur Insel".

Die Inselbewohner nannten nach 1876 ihre Gäste „de Isenbahner" – angereist wurde mit der Bahn.

Es war einmal: Das Technik- und Zweirad-Museum in Dargen bietet Rückblicke in den Alltag der DDR.

Der Lieper Winkel ist ein stiller Ort, weitab vom Touristenstrom. Nur wenige Menschen verirren sich an diese wild-romantischen Naturstrände.

Fahrtdauer) lautete der durchaus hoffnungsvolle Slogan. Ein funktionstüchtiges Modell der alten Hubbrücke im Maßstab 1:27 kann man im Zweiradmuseum Dargen als Teil einer Modellbahn-Schauanlage besichtigen.

Wer heute mit dem Zug nach Usedom reist, fährt südwestlich der Insel im alten Hansestädtchen Wolgast, dem Geburtsort des romantischen Malers Philipp Otto Runge, über die Peenebrücke. Das „Blaue Wunder" gilt mit einer Länge von 255,90 m als größte Waagebalken klappbrücke Europas.

Bis zum Jahr 2000 mussten die Reisenden bereits in Wolgast-Hafen den Zug verlassen und immerhin 1 km weit über die alte Peenebrücke bis zur nächsten Bahnstation zu Fuß gehen. Heute quert die Usedomer Bäderbahn den Fluss und fährt seit 2008 über Ahlbeck, das östlichste der deutschen Ostseebäder, weiter bis ins polnische Swinemünde. Die Hafenstadt Swinemünde entwickelte sich ab 1824 zum ersten Seebad Usedoms. Seit dem 6. Oktober 1945 gehört Swinemünde/Świnoujście zu Polen. Damals wurde der 90,8 km² große Teil der nun zweistaatlichen, insgesamt 445 km² großen Insel Usedom/Uznam vor allem mit Bürgern aus den ehemals ostpolnischen Gebieten besiedelt.

Das Achterland

Im Schatten der Usedomer Seebäder liegt das Achterland. „Achtern" bedeutet in der Seemannssprache soviel wie „hinten". Es ist eine sanfte Landschaft aus Wald, Winkeln, Haken, Heide, Bruch, Wiesen, Hügeln und Seen, über die noch der Seeadler kreist. Begrenzt wird das Usedomer Hinterland von Haff, Peenestrom und dem Achterwasser. Einst war die buchtenreiche Boddenlandschaft des Achterwassers selbst Meeresbucht, die nach und nach durch strömungsbedingte Ablagerungen vom großen Wasser getrennt wurden. Hier mischen sich nun das Süßwasser von Peene und Oderstrom mit dem salzigen des Meeres zu Brackwasser, in dem sich die verschiedensten Fischarten tummeln.

Das Achterland ist Teil des 632 km² großen Naturparks Insel Usedom, zu dem auch ein Festlandstreifen gegenüber dem Haff gehört. Nirgendwo liegen typisch norddeutsche Landschaftsformen so dicht beieinander wie auf dieser Insel. Zwischen Achterwasser und Meer hat sie insgesamt 1500 ha Binnenseen vorzuweisen, 15 % dieser Kulturlandschaft bilden Moore, dazwischen gedeihen artenreiche Trockenrasen, Buchenwälder und Dünenkiefern. In den 14 Naturschutzgebieten mit einer Gesamtfläche von 4000 ha finden seltene Pflanzen und Tiere ihren Lebensraum. Mit Weißstorch, Eisvogel, Kamingimpel und weiteren rund 280 Arten zählt der Naturpark zu den vogelreichsten Gebieten Norddeutschlands. Zudem warnen an den Chausseen Verkehrszeichen davor, den vor allem in der Dämmerung umtriebigen Fischotter nicht zu übersehen.

Slawische Namensherkunft

Der Lieper Winkel sowie die Orte Pudagla und Kamminke sind die landseitigen Grenzpunkte jenes südlichen Dreiecks, in dem auch Usedom, die namensgebende und zugleich einzige Stadt der Insel, liegt. Mit dem Anklamer Stadttor, der restaurierten Marienkirche, mit Rathaus, Marktplatz, ein- und zweigeschossigen Häusern und alten Wasserpumpen bietet sie ein Bild wohlgeordneter Kleinstadtidylle. Ein 5 m hohes Granitkreuz auf dem Schlossberg, einst Wall der slawischen Burg Uznam, erinnert an jenen Tag zu Pfingsten im Jahr 1128, an dem Wartislaw I., der erste zum Christentum konvertierte Fürst von Pommern, den heidnischen Glauben gegen eine gesicherte Position als Herrscher über Westpommern eintauschte. Getauft wurde er von Otto von Bamberg.

Mit der Bäderbahn nach Swinemünde

Die einst preußisch-prächtige Hafenstadt Swinemünde wurde durch den Bombenangriff im März 1945 stark zerstört. Tausende Opfer des alliierten Bombenangriffs wurden im südöstlichsten Zipfel Usedoms begraben – auf dem 63 m hohen bewaldeten Golm, der als höchste Erhebung der Insel einst beliebtes Ausflugsziel der Swinemünder war. Im Jahr 2005 schlossen die Stadt Świnoujście, die Kommunalgemeinschaft Europaregion Pomerania und die Usedomer Bäderbahn einen Vertrag über den 3,2 Mio. Euro teuren Ausbau der Eisenbahnstrecke, die nun den deutschen und polnischen Teil der Insel verbindet. In DDR-Zeiten mit dreifachem Zaun verriegelt, wird hier nun die Vision vom friedlichen Zusammenwachsen europäischer Nachbarn Wirklichkeit. Im Norden Swinemündes führen alle Straßen zur gepflegten breiten Kurpromenade und zum Strand, an dem einst der Dichter Theodor Fontane, der in Swinemünde fünf Jahre seiner Kindheit verbrachte, Effi Briest und Major von Crampas einander näherkommen ließ.

Die Strandkorb-macher in Heringsdorf

Der Strandkorb ist das Symbol für Ferien an der Ostsee. Das erste Strandmöbel dieser Art, wie es heute zu Tausenden an der Ostseeküste steht, baute 1882 der Rostocker Hof-Korbmachermeister Wilhelm Bartelmann. Sein Urmodell sah eher noch wie ein aufrecht stehender Wäschekorb aus. Ein Jahr später eröffnete Frau Bartelmann in Warnemünde den ersten Strandkorbverleih. Dem senkrechten Einsitzer folgten Zweisitzer. Anfang der 1920er-Jahre entwickelte der Korbmachermeister Falk aus Rostock den klassischen „Halblieger". Fünf Jahre später gründete Carl Martin Hader in Wolgast Deutschlands älteste noch bestehende Strandkorbmanufaktur, die seit 1933 in Heringsdorf ansässig ist. Das Unternehmen überstand alle stürmischen Zeiten, auch wenn in den Jahren des Zweiten Weltkriegs mehr Munitions- als Strandkörbe geflochten wurden. Als danach der Fremdenverkehr wieder in Schwung kam, war die Nachfrage groß. Über die Hälfte der Exemplare ging, mit Schaumstoff statt mit Holzwolle gepolstert, in den Westen. So mancher Hoteldirektor im Osten musste genauso lange auf einen Strandkorb wie auf

In der Lagerhalle der Manufaktur: Gespannt warten Mitarbeiter und der strapazierfähige Stoff auf den Beginn der Arbeit.

Es steckt viel Mühe, Aufwand und Liebe in jedem der Strandkörbe. Das sieht man an allen Arbeitsschritten ...

einen Trabi warten – etwa zehn Jahre. 1961 wurde das Flechtwerk aus Rohrbast mangels Material durch Sperrholz und gepresste Pappe ersetzt. Otto Matz, der viele Jahre im 1953 verstaatlichten Betrieb gearbeitet hatte und heute Feriengäste durch die Manufaktur führt, erinnert sich: „Damals sollten sich die Betriebe der DDR ‚störungsfrei' machen, das hieß, möglichst keine Materialien aus dem Westen verwenden." Zudem wurden kleinere Korbwaren produziert.

Die Wende – eine Herausforderung

„Das ging alles gut, bis die Wende kam." Dann reisten alle in den Westen. Otto Matz sah das Korbangebot in einer Lagerhalle in Wuppertal, in der „mehr Körbe standen, als wir im Jahr für einen Bezirk hergestellt hatten". Aber auch Heringsdorfer Strandkörbe waren nun nicht mehr gefragt. „Wir mussten neue Kunden werben, bis aus Kampen auf Sylt endlich der erste Auftrag kam. Der Nordseekorb war damals ein Ganzlieger, der Ostseekorb ein Halblieger – wir mussten viel lernen", erzählt Otto Matz.

Inzwischen hat sich das Werk auf die Erfüllung individueller Wünsche spezialisiert. Heute produziert die Korbwerk GmbH wieder jährlich ca. 4000 Strandkörbe. Alles Handarbeit. Die Korbgestelle aus heimischer Kiefer, afrikanischem Iroko- oder Teakholz werden zumeist mit Kunststoffbändern oder mit Rattan umflochten. Ein echter „Heringsdorfer" trotzt mit Holzleisten, Winkelverstärkungen und feuerverzinkten Stahlbändern Wind und Wetter. Und immer wieder erfinden die Heringsdorfer Handwerker den Strandkorb neu. Der neunsitzige G8-Gipfel-Strandkorb ist die wohl bekannteste Spezialanfertigung. Es gibt Ein-, Zwei- oder Dreisitzer, Halb- oder Ganzlieger. Längst möbliert der Strandkorb nicht mehr nur den Strand. Er dient Fußballmannschaften als Auswechselbank und Restaurantbesitzern als Gastrokorb. Ein Tipp noch von Otto Matz: „Bestellen Sie nie einen Strandkorb mit nur einem Tisch, das gibt nur Streit um den besten Platz an der Sonne."

Viele Arbeitsschritte sind nötig – und viele geübte Hände, um am Ende ein perfekt gestaltetes, robustes Werkstück anbieten zu können.

Das Peenegebiet war seit dem 6. Jh. von slawischen Stämmen besiedelt. „Uznam" heißt Usedom noch heute auf Polnisch. „Po morze" bedeutet „am Meer" – daraus wurde Pommern.

Schlösser und ein stiller Winkel

Zwei Herrenhäuser gibt es auf Usedom. Dicht am Stettiner Haff sicht im 400-Seelen-Dorf das Stolper Schloss. Die Türme des im 19. Jh. für die Familie von Schwerin, die seit 1321 in Stolpe ansässig war, im Stil des Historismus ausgebauten Renaissanceschlosses spiegeln sich im Dorfteich. Nach 1945 verstaatlicht, verfiel die Schlossanlage, die zeitweise sogar als Steinbruch freigegeben war. Inzwischen können die Schlossinnenräume besichtigt werden, auch beleben Konzerte und Lesungen das alte Gemäuer. Eine Museumsstube zeigt archäologische Funde aus der Umgebung Stolpes, eine Bücherstube lädt zum Stöbern und Schmökern ein.

Die alte Dorfallee von Mellenthin führt direkt zum Herrenhaus mit seinen zwei eingeschossigen Seitenflügeln. Der Bauherr Rüdiger von Neunkirchen liegt in der mittelalterlichen Dorfkirche begraben. Ein breiter Graben umfängt den zwischen 1575 und 1580 errichteten Renaissancebau. Im Ostflügel richtete der jetzige Hausherr unter historischen Gewölben eine Gasthausbrauerei ein, so ist das Mellenthiner Wasserschloss mit Hotel, Biergarten und Schlossrestaurant geselliger Treffpunkt im stillen Hinterland.

Nur wenige Menschen zieht es in den Lieper Winkel. Die Halbinsel liegt zwischen Achterwasser und Peenestrom. Den Eingang dorthin bewacht

Aus dem ursprünglich mittelalterlichen Gutshaus Stolpe entstand nach vielen Umbauten das heutige Schloss. Nach dem Zweiten Weltkrieg wurde es als Ferienlager genutzt. Eine Gaststätte machte es zum Ausflugsziel. 1990 dann bedrohten Bauschäden die Zukunft des Schlosses. Heute dient es – nach 1996 mustergültig saniert – als Veranstaltungsort.

Nicht nur selbstgebrautes Bier gibt es im Wasserschloss Mellenthin. 2012 eröffnete hier die erste Usedomer Kaffeerösterei.

hinter Suckow eine vielhundertjährige Stieleiche. Acht kleine Dörfer verlieren sich zwischen Acker- und Weideland. Im Gegensatz zu der von unfruchtbarem Sandboden bedeckten Außenküste der Insel deuten archäologische Funde im Inselinnern auf eine Besiedlung schon in der Jungsteinzeit (ca. 4000 Jahre v. Chr.) hin. In dem Ort Liepe steht die in ihrem Ursprung älteste Dorfkirche der Insel. Irdisch schwer wirkt der turmlose, aus Feld- und Backsteinen gemauerte Nachfolgebau des 1216 erstmals erwähnten Gotteshauses. Wäre es nach dem Teufel gegangen, gäbe es die Kirche von Liepe heute ebensowenig wie die Kirche von Mellenthin, deren älteste Teile noch von der um 1338 erbauten Kapelle stammen. Aus Wut über die Christianisierung der Insel soll nämlich Luzifer versucht haben, alle vom Neunzehnkirchenberg aus sichtbaren Kirchen zu vernichten, doch entglitt der Brocken seiner Hand und liegt dort noch heute.

Tradition und Eleganz: die Kaiserbäder

Am Meer zeigt sich die Ferieninsel von ihrer eleganten Seite. In weichem Bogen rahmt hier ein makellos weißer Sandstrand die See. Richtung Westen erhebt sich der Lange Berg mit seinen silbrigen efeuumschlungenen Buchen. Richtung Osten stehen dicht am Strand die Hotels und Pensionen der vorletzten Jahrhundertwende. Mit ihnen hat man den Charme der guten alten Bäderzeit wiederbelebt. Die prächtigen Villen im sogenannten Bäderstil, verziert mit Türmchen, Säulen, Balkonen und Veranden, wurden in den letzten beiden Jahrzehnten mustergültig restauriert. Sie säumen die Strandpromenade, die nahtlos die „Kaiserbäder" Ahlbeck, Heringsdorf und Bansin miteinander verbindet und sich seit 2011 sogar bis nach Swinemünde erstreckt. Mit insgesamt 12 km Länge gilt sie als längste Strandpromenade Europas. In Bansin, dem jüngsten und kleinsten der drei Bäder, lebten die Fischer mehr landeinwärts am Gothensee. Die Gegend um den Schloonsee zwischen dem Langen Berg und Heringsdorf, wo sich heute die Badegäste tummeln, wurde von ihnen als Viehtränke, Schafweide und für etwas Ackerbau genutzt. Doch 1905 hieß es im *Führer durch die Badeorte des Verbundes Deutscher Ostseebäder:* „Wohl noch nie hat ein Ostseebad ein so rapides Aufblühen zu verzeichnen gehabt. 1897 gegründet, zählt es heute bereits über 100 elegante Villen (…)." Mit den „Goldenen Zwanzigern" kam das kleine Bad groß in Mode, um so mehr, als es sich als erstes Seebad mit „Freibadeerlaubnis" annoncieren konnte.

Die Halbinsel Gnitz – malerisch schön

Die Halbinsel Gnitz, südlich des Ostseebads Zinnowitz, liegt zwischen Achterwasser, Peenestrom und Krumminer Wiek. „Sanfte Hügel bestimmen die Landschaft (…), auf den Wiesen Wildblumen. Immer meine ich, dort müsse Corot gemalt haben – in dieser unfassbaren Steigerung des Grüns mit dem getupften Rot als Contrapunkt", schwärmte der 1984 verstorbene Maler Otto Niemeyer-Holstein. Das Naturschutzgebiet Südspitze Gnitz wird begrenzt vom Peenestrom, der Krumminer Wiek und dem Achterwasser. Eine alte Hutelandschaft, von der noch Wacholdersträucher und bizarre alte Kiefern zeugen. Auf den höher gelegenen Strandwällen blühen im Sommer Kartäusernelke, Sand-Thymian und Silbergras. Auf dem 32 m hohen Steilufer des Weißen Berges, Brutstätte der größten Uferschwalbenkolonie Usedoms, duftet die Hundsrose, reifen Holunder und Sanddorn. Seit den 1960er-Jahren wird auf dem Gnitz Erdöl gefördert.

Der *Ahlbecker Hof* zählt zu den prächtigsten Hotelbauten an der Ostseeküste. Französische Palast-bauten standen Pate für das 1890 direkt an der Strandpromenade erbaute „Haus ersten Ranges", in dem noble Gäste weilten, u. a. 1905 Franz Joseph I., Kaiser von Öster-reich, 1925 Louise Ebert und der frühere Reichskanzler Gustav Bauer, 1939 Theo Lingen.

Bademantel und Badeanzug waren gesellschaftsfähig geworden. Heute tummeln sich die Nacktbader am westlichen Ende des Bansiner Fischerstrandes.

Villen mit bewegter Geschichte

Seinen Wandel vom Fischernest zum „Nizza der Ostsee", verdankt Heringsdorf vor allem dem Wahlheringsdorfer Dr. Hugo Delbrück und seiner Aktiengesellschaft Seebad Heringsdorf. Majestätischer Glanz fiel mit den Besuchen Kaiser Wilhelm II. auf Heringsdorf. Seine Hoheit kamen jedes Jahr auf seinen „Nordlandreisen" von Swinemünde herüber, um in der *Villa Miramar* (heute *Villa Staudt*) Tee bei der schönen Konsulin Staudt zu trinken. Heringsdorf wurde das Bad der Aristokratie und Hochfinanz. Sie alle hatten klangvolle Namen: Die Bankiers Delbrück, Oppenheim und von Bleichröder gehörten dazu. Ebenso Carl Robert Lessing, der Verleger der Vossischen Zeitung, und der Mediziner Werner Körte. Umgeben von den Spitzen der deutschen Finanzwelt, von Geheimen und Ordentlichen Kommerzienräten,

Vermögende Bauherren machten vor allem Heringsdorf zum gerühmten „Nizza der Ostsee".

haben hier die Reichen des Reiches inmitten großzügiger Parks kleine Palais gebaut, zunächst meist neoklassizistisch, ab 1870 im unbekümmerten Gemisch aus Neorenaissance-, Neobarock- und Jugendstil. Die vornehmsten entstanden in der ersten Reihe mit Blick auf das Meer. Als der Platz knapp und teuer wurde, wich man nach Ahlbeck aus, so machte das beispielsweise der Bildhauer Ernst Gustav, Schöpfer des Helmholtz-Denkmals vor der Berliner Humboldt-Universität. 1920 erwarb der Direktor der Volkssternwarte Treptow, Simon Archenhold, das älteste Haus in Bansin.

So entwickelte sich Usedom allmählich zum „Vorort von Berlin", in dem man nicht weniger luxuriös lebte als daheim. Hier wie dort gehörten Salons, geräumige Treppenhäuser, Freitreppen und Balkone zur architektonischen Darstellung des gesellschaftlichen Rangs. Andererseits gefiel dem Kommerzienrat Hermann Barthold seine mit Säulen aus Porphyr und einem fantastischen, aus Zehntausenden Tesserae (Kristallen aus einer Email-Glasschmelze) zusammengefügten Mosaik im Dreiecksgiebel geschmückte Villa – die heutige *Villa Oechsler* – derart, dass er sie in Berlin-Grunewald kopieren ließ. 10 m hoch war die Diele der ehemaligen Oppenheim-Villa in der Tiergartenstraße in Berlin. Beinahe so hoch wie die Säulen des Portikus am Heringsdorfer Palais.

Aber hat wirklich Gerson von Bleichröder, damals der reichste Mann Berlins und Bismarcks Finanzberater, das neobarocke Haus an der Strandpromenade erbauen lassen, wie man es lange dort auf einer Tafel lesen konnte, oder war es nicht vielmehr sein verwöhnter, skandalumwitterter Sohn Hans? Bei jüngsten Recherchen haben Berliner und Usedomer Historiker mit einigen Irrtümern der lokalen Geschichtsschreibung aufgeräumt. Die Schwierigkeit, Licht in das Dunkel der Geschichte zu bringen, lag in dem Umstand, dass die meisten Villenbesitzer der ersten Generation Juden waren. Nach der Machtübernahme der Nationalsozialisten übernahm Hitlers Leibarzt Morell die *Villa Staudt*. Auch die *Villa Bleichröder* wurde „arisiert". 1935 verlor Archenhold seinen Besitz in Bansin, seine Frau Alice und Tochter Hilde kamen im KZ Theresienstadt um. Nach der Enteignung der jüdischen Bankiersfamilie Oppenheim während des Dritten Reichs nutzte die NSDAP

Der Bäderstil, dieses Gemisch aus verschiedenen Architekturformen, zeigt vielfältige Details. Muskulöse Atlanten der Gründerzeit tragen Erker und Balkone.

Nicht weit vom belebten Strand, dennoch im Zentrum von Heringsdorf, befindet sich das Forum Usedom mit Spielcasino und dem neuerbautem Maritim-Hotel *Kaiserhof*.

Im Nobelbad Heringsdorf trafen sich um die vorletzte Jahrhundertwende vor allem die Schönen und Reichen aus Berlin, und zwar so zahlreich, dass die Insulaner bald jeden Badegast, ganz gleich welcher Herkunft, als „Berliner" bezeichneten.

In den einstigen Wohn- und Arbeitsräumen des russischen Schriftstellers Maxim Gorki in der *Villa Irmgard* in Heringsdorf steht teilweise noch originales Mobiliar.

die Villa als Ortszentrale; auch das Verwaltungsbüro der Organisation Bund Deutscher Mädel war hier untergebracht. Von 1945 bis 1950 diente das Bauwerk als Kuranlage für Offiziere der Roten Armee. Später war die Villa das repräsentative Gästehaus des Stasichefs Erich Mielke – eine wechselvolle Geschichte, wie sie für viele Häuser in Herinsgdorf typisch ist.

Vieles hat sich seitdem verändert, doch manches ist heute wie in der ersten Blütezeit der „Kaiserbäder". Auf der Strandpromenade werde – wie auf dem Kurfürstendamm – „wunderlieblichste Frauenmode dieser Tage in der heitersten und kapriziösesten Form spazieren geführt", konstatierte 1911 das *Berliner Tageblatt*. Unter der üppigen Stuckdecke des Kaminzimmers der *Villa Oechsler* wird inzwischen teure Mode verkauft. Zweimal im Jahr zeigen führende Modedesigner im Kursaal des Kaiserbades ihre Kollektionen. Hinter den hübschen Fassaden der alten Villen kann man wieder – wahlweise – nostalgisch oder modern möbliert logieren.

Maxim Gorki in Heringsdorf

Den Finanzgenies folgten die Künstler nach Heringsdorf. Von Juni bis September 1922 mietete der russische Dichter Maxim Gorki die *Villa Irmgard*. Auf dem Weg ins italienische Exil suchte er hier für einige Zeit Linderung seines Lungenleidens. Wenn Gorki nicht an dem letzten Teil seiner Autobiografie *Meine Universitäten* arbeitete, Briefe schrieb oder seinen Freund Tolstoi oder den Opernsänger Schaljapin empfing, wanderte er mit wehendem Lodenmantel und großem Schlapphut abseits des Badetrubels an der Küste entlang oder durch die

Vom Umgang mit einem zwiespältigen Erbe

Peenemünde, 1282 gegründet, trat 1630 als Landungsort des Schwedenkönigs Gustav II. Adolf erstmals in die Weltgeschichte ein. 1941 versank das Dorf fast völlig unter einer Glocke der Geheimhaltung. Das wenig besiedelte Gebiet, in dem kurz zuvor noch der Großvater von Wernher von Braun auf Entenjagd gegangen war, wurde als größtes Rüstungsprojekt der Wehrmacht bis zu dessen Entdeckung 1943 durch die Engländer bestgehütetes Geheimnis der Deutschen. Am 3. Oktober 1942 hob erstmals der 14 t schwere Raketenkörper der V2 vom Boden ab und näherte sich mit einer Geschwindigkeit von 5500 km/h dem Weltall. Damit öffneten sich die Tore zu Himmel und Hölle. Die V2 (A4), an der auch viele Zwangsarbeiter und KZ-Häftlinge unter schrecklichen Bedingungen arbeiten mussten, gilt als Vorläufer aller Trägerraketen. Am 13. Februar 1945 startete die letzte Versuchsrakete. Die Raketenbauer von Peenemünde verließen die Insel. Viele arbeiteten fortan in den USA, allen voran der technische Leiter Wernher von Braun, bald Planungsdirektor der Nasa, andere taten dies für Moskau. Peenemünde blieb bis zum Ende der DDR militärisches Sperrgebiet, der Flugplatz wurde Standort des NVA-Jagdfliegergeschwaders 9.

1991 eröffnete hinter den dicken Mauern des ehemaligen Schaltbunkers die erste Ausstellung über die Geschichte des Ortes. Inzwischen wurde in moderne Ausstellungstechnik investiert und der Bogen zur moralischen Auseinandersetzung mit diesem Rüstungsprojekt geschlagen. Das ehemals modernste Kohlekraftwerk Europas, das den Betrieb Peenemündes energietechnisch versorgt hatte, ist heute Ausstellungszentrum.

Wernher von Braun, umstrittener Raketenpionier und Technik-Genie, träumte von der Raumfahrt, baute aber zunächst Hitlers „Wunderwaffe" V2 (hier mit einer Gruppe von Wehrmachtsoffizieren, die Aufnahme entstand vermutlich 1944).

Mit der Zinnowitzer Tauchgondel kann man die Ostsee aus der Fischperspektive betrachten. Je nach Sichttiefe kann man Grünalgen, Quallen, Garnelen und mit etwas Glück auch Fische beobachten. Ein 3-D-Unterwasserfilm zeigt die Vielfalt der Fischfauna in der Ostsee.

Wälder bis Sallenthin, durch die Wolfskuhle zum Langen Berg bei Bansin oder zum 3 km von Heringsdorf entfernten Buchfinksberg. Die in den Jahren 1907 und 1908 erbaute Villa hatte Gorki von einem Berliner Rechtsanwalt gemietet, der bereits 1948 mithilfe des Kulturbundes der DDR in den unteren drei Räumen eine Gorki-Gedenkstätte einrichtete.

Perle der Ostsee – Zinnowitz

Ähnlich prächtig wie die „Kaiserbäder" entwickelte sich Zinnowitz, der Badeort im nordwestlichen Teil der Insel, in der Kaiserzeit zum „Seebad I. Ranges". Die „Perle der Ostsee" wurde nach dem Krieg von der SDAG-Wismut (Sowjetisch-Deutsche Aktiengesellschaft) als Ferienquartier für die Bergleute übernommen.

Alte Hotels und Pensionen erhielten neue Namen. Der *Preussenhof* hieß nun *Glück auf. Schwabes Hotel*, das „vornehmste Haus am Platze", in dem beispielsweise der Schriftsteller und liberale Politiker Walter Rathenau, die Schriftstellerin Hedwig Courths-Mahler und der vor allem für seine Romane bekannte Hans Fallada logierten, wurde zum *Klement Gottwald*. Heute hat sich auch Zinnowitz wieder hübsch herausgeputzt. Doch inmitten all der wiederbelebten Bäderpracht ist Zinnowitz gemütlich und bodenständig geblieben. Auf der Zinnowitzer Seebrücke stehen Touristen, um trockenen Fußes auf den Boden der Ostsee abtauchen zu können. Wie aus Käpt'n Nemos Reich entliehen, so mutet die türkisfarbene Tauchgondel an. Langsam sinkt die wasserdichte Kugel bis auf 1 m über dem Meeresboden, Tauchtiefe 3,50 m. Nach etwa 30 Minuten taucht man wieder auf. Kaffee gibt es am Fuße der Seebrücke in der Promenadenhalle, einem buntes Haus mit einem Lift-Café, das 25 m hoch über den Meeresspiegel steigen kann.

Die Bernsteinbäder im Nordwesten

Der Nordwesten der Insel, der trotz seiner schönen, breiten Strände nie die Exklusivität der „Kaiserbäder" erreicht hat, punktet mit Naturnähe und profiliert sich zunehmend als Familienreiseziel. Am fast 4 km langen, klimatisch günstig hinter Küstenwald und Dünenstreifen gelegenen Strand von Trassenheide weht die Blaue Flagge für ausgezeichnete Badewasserqualität. Im ausgedehnten Flachwasserbereich können Kinder gefahrlos plantschen. Die Orte der stillen Inselmitte, Zempin, Koserow, Loddin und Ückeritz, vermarkten sich seit 2006 als „Bernsteinbäder". Angeblich soll man hier nach stürmischen Tagen das „Gold des Meeres" finden. Mit Bernstein wanderungen, Bernsteinwoche und Krönung der Bernsteinprinzessin nährt man den Sammeltrieb der Feriengäste.

Manch einer aber hält nach dem Bernstein ebenso vergeblich Ausschau wie nach dem goldenen Vineta, das vor der Küste Koserows versunken sein soll. „Vineta, Vineta, du rieke Stadt, Vineta sall unnergahn, wiedeß se het väl Böses dahn!", habe eine Seejungfrau vergeblich gemahnt. Die vermeintlichen Reste dieser legendären Handelsstadt, die wegen ihres Hochmuts zum Untergang in den Sturmfluten verdammt war, haben sich zwar nur als eiszeitliche Hinterlassenschaft erwiesen, doch lockte dieser romantische Steinhaufen 1827 den preußischen Kronprinzen Friedrich Wilhelm (IV.) herbei, den Pfarrer Wilhelm Meinhold (1797–1851) von einer Kanzel auf dem damals noch aus dem Wasser ragenden Riff willkommen hieß. Meinhold, nicht nur Pfarrer, sondern auch Dichtergröße mit Vorliebe für unheimliche Geschichten seiner Heimat, schuf 1848 mit seinem Werk *Die Bernsteinhexe* einen der erfolgreichsten pommerschen Romane. Schauplatz war der seit 1961 unter Naturschutz gestellte Streckelsberg bei Koserow, eine Endmoräne, die ihre Nase gefährlich nah an die Brandung schiebt. 1819 wurde der schrumpfende Berg gegen die rauen Seewinde mit Rotbuchen verwurzelt. 1949 zerstörte eine Sturmflut die Reste einer alten Schutzmauer, seit 1995 schützen Buhnen, Wellenbrecher und eine neue Mauer den Berg. Doch immer wieder brechen Stürme in das Kliff ein. Wer an den stillen Tagen danach am Meer spazieren geht, könne sogar die Glocken der versunkenen Stadt Vineta hören, so heißt es.

Quilitz gehört zum Lieper Winkel. Überall sind Begegnungen mit freundlichen, wenn auch stillen Zeitgenossen möglich – wie in diesem individuell gestalteten Garten.

Am Strand von Bansin, wo sich heute die Badegäste tummeln, standen einst nur rohrgedeckte Holzhütten für Fischfanggeräte und Pökelsalz.

Wunschlos, zeitlos, restlos glücklich – der Maler Otto Niemeyer-Holstein

Die See war seine „große Geliebte". Jeden Morgen ging der Maler Otto Niemeyer-Holstein (1896–1984), Sohn des bekannten Völkerrechtlers Theodor Niemeyer, durch seinen Garten und über die Chaussee an den Strand, um zu malen. Dabei „klaut (er) sich die Farben aus dem Meer", wie einst Max Liebermann über ihn sagte. Sein Verhältnis zur Malerei und zur Natur wurde durch den Aufenthalt in der Künstlergemeinschaft von Ascona geprägt, wo er Alexej von Jawlensky, Marianne von Werefkin und Arthur Segal kennen lernte. Vom Expressionismus und der Neuen Sachlichkeit deutlich beeinflusst, schuf er empfindsame Bilder an der Grenze zwischen Gegenständlichkeit und Abstraktion.

1932 zog Otto Niemeyer-Holstein mit jüdischer Schwiegermutter und „halbjüdischer" Frau aus dem nationalsozialistischen Berlin auf eine Brache zwischen Koserow und Zempin, auf die schmalste Stelle Usedoms, wo sein bemerkenswertes Haus allmählich um einen ausrangierten S-Bahn-Waggon wuchs – und so im Lauf der Jahre ein Ensemble von Wohnhaus, Atelier und Garten entstand, dessen Zauber sich wenige entziehen können.

Wider den Strom der Zeit

ONH, wie der Maler signierte, war ein Unangepasster zu jeder Zeit. „Lüttenort" wurde in DDR-Jahren ein Refugium, das Dissidenten, aber auch

„Ich erlaube mir, das Reale und Banale in Poesie umzuwandeln", sagte Otto Niemeyer-Holstein und schuf aus einer Sandwüste einen Malergarten.

Genossen anzog. Hier wurde diskutiert und musiziert. Für die Insulaner war er „de verrückte Isenbahner", der sich zeitweise seinen Lebensunterhalt mit Landwirtschaft und Bootstouren verdienen musste. „WZRG" stand an seinem Kutter *Orion*, die Abkürzung für wunschlos, zeitlos, restlos glücklich. Der offiziellen Ablehnung seiner Kunst in den 1950er-Jahren folgten große Ausstellungen und Auszeichnungen.

Das Jahr des Erfolgs

Der Durchbruch kam 1961 mit der Ausstellung in der Berliner National-galerie. 1964 wurde ihm der Professorentitel verliehen. Jetzt konnte sich Niemeyer-Holstein auch ein größeres Atelier bauen, sein „TABU". Doch selbst der Nationalpreis der DDR korrumpierte ihn nicht zum bedingungslos loyalen DDR-Künstler. Von dem Preisgeld erwarb er die verwaiste Holländerwindmühle in Benz und rettete sie vor dem Verfall.

„Lüttenort" blieb eine der inspirierensten und schönsten Nischen der

Kultur und der Eigensinnigkeit in der DDR. ONH malte den Strand, das Meer, den Garten, Porträts und viele Akte. „Ich muss jeden Tag malen, egal in welcher Stimmung ich bin", sagte er noch 1982, zwei Jahre vor seinem Tod. Begraben liegt Otto Niemeyer-Holstein auf dem kleinen Friedhof im „lieblichen Dorf Benz" mit der Feldsteinkirche aus dem 13. Jh., die Feininger gemalt hat. An seinem Grab steht Waldemars Grzimeks *Knabe*. Er soll „an mein Grab kommen, das Antlitz beschatten, in die Ferne träumen – zum Meer, zur Ostsee, meiner großen Geliebten, die mich täglich gefordert und

Seit 2001 ergänzt ein moderner Anbau, die „neue Galerie", mit Museumsshop die original erhaltene Wohn- und Arbeitsstätte des Künstlers.

nie enttäuscht hat". Erbin der Mühle, die heute als „Kulturmühle" vom Benzer Mühlenverein betreut wird, wurde die Gemeinde Benz. Auch war es der Wunsch des Künstlers, sein „Lüttenort" als Ort der Begegnung lebendig zu halten. Eine Kunsthalle ergänzt heute die original erhaltene Wohn- und Arbeitsstätte und den Garten mit Plastiken seiner Künstlerfreunde wie Fritz Cremer, Waldemar Grzimek, Wieland Förster und Werner Stötzer.

Garten, Haus und TABU, ein zum Atelier ausgebauter Schuppen, sind integrale Bestandteile des außergewöhnlichen Lebenskunstwerkes Otto Niemeyer-Holsteins.

Spezialitäten der Küche – Sanddorn, Fische und mehr

Kloppschinken, Tollatschen, Tüften und Plum – selbst wer kein Plattdeutsch versteht, vermutet hinter diesen Begriffen zurecht deftige Speisen.

„Watt de Buer nicht kennt, dat itt hei nicht", ist ein geflügeltes mecklenburgisches Wort. Was der Bauer nicht kennt, das isst er nicht – gegenüber fremden Gaumengenüssen war man hier noch nie besonders aufgeschlossen. Kräftige, unkomplizierte Ernährung waren das eigentliche Markenzeichen der hiesigen Küche. Eine Küche ohne viel Schnickschnack. Satt musste der Bauer werden, der mühsam den Acker bestellt hat, ebenso der Fischer, der seit dem Morgengrauen auf dem Meer unterwegs gewesen war.

Für Fremde ist es unmöglich, pommersche und mecklenburgische Küche zu unterscheiden. Die Vorliebe fürs Süße, von den Schweden vornehmlich in die vorpommerschen Kolonien gebracht (etwa die warme Blutwurst mit Rosinen), hatte sich bald über ganz Norddeutschland verteilt. Von Usedom bis Fehmarn mochte man traditionell fettes Schweinefleisch und Klöße, wobei die Mecklenburger dazu Knödel (Klüten) aus Roggenmehl bevorzugten. Der „Grote Hans", ein gekochter und mit Schweinebacke gefüllter Hefeteig, ist eine Fehmarnsche Spielart norddeutscher Deftigkeit. Auch

Aalsuppe gibt es traditionell an der gesamten Nord- und Ostseeküste, auf Rügen und auf Hiddensee ist sie eine besondere Delikatesse. Jeder Koch hat sein eigenes Rezept: hier Grüner Aal mit Kartoffeln, Karotten und Lauch.

die Fehmarnsche Kröpel, ein in heißem Fett gebackenes Gebäck, gibt es nur auf der Insel im Westen. Doch schon bei Grünkohl, Gänsen, Swattsuer (Schwarzsauer), einem aus Blut gekochtem Gericht, und erst recht bei Fisch verschwimmen die Grenzen.

Der Agrarregion mangelt es auch nicht an Vieh, Wild und Gemüse. Grünkohl mit Pökelfleisch war das Essen der armen Leute. In Ückeritz auf Usedom feiert man seit vielen Jahren mit einem Kartoffelfest die „tolle Knolle", die dort im Jahr 1746 eingeführt wurde. Die Kartoffel hat jeder im Norden „zum Fressen" gern. Die dicke Kartoffelsuppe mit Pflaumen und Speck heißt Tüften und Plum. Auch gibt es Tüften (Kartoffeln) mit Backbeern (Backobst) und durchwachsenem Speck. Ansonsten dreht sich in der kulinarischen Szene der Ostseeinseln vieles um den Fisch. Das Frühjahr beginnt mit dem Hering. Er kommt vom Kattegat und zieht zum Laichen vor die Küste, vor allem in der Nähe von Rügen

Regionale Küche bedeutet Frische. Nach der Sanddornernte (links) werden die sehr Vitamin-C-haltigen Früchte gleich zu Saft gepresst oder zu Marmelade verarbeitet. Fisch bekommt man an der Ostsee vornehmlich geräuchert, mit verführerischem Duft (unten).

und Usedom. Beide Inseln begrüßen den grätigen Gast mit genussvollen Heringswochen, in denen die Köche den Fisch als Suppe, gebraten, gedünstet, vor allem aber geräuchert anbieten. Wo in Koserow auf Usedom Strandkörbe neben dem an Land gezogenen Fischkutter stehen und sich ein Seesteg ins Wasser schiebt, wurde seit 1820 Hering gesalzen und verpackt. „Zuerst wird der Boden der Tonne mit Salz bestreut, worauf man die Fische mit dem Rücken nach unten, lagenweise dergestalt verpackt, dass die folgende Lage kreuzweise über die untere zu liegen kommt und jede Lage mit Salz besprengt wird", heißt es in einer Anweisung von 1860. Nach 1870 ging die Heringsfischerei auf der Insel Usedom infolge ausländischer Einfuhren merklich zurück und verlor in Koserow gegen 1900 völlig an Bedeutung. Gab es um 1900 noch 15 Fischerhütten, existieren heute nur noch wenige Gebäude. Das Ensemble der Koserower Salzhütten, Fachwerkkonstruktionen mit Lehmstaken- oder Steinauskleidung, Bretterhütten und massiv errichtete Hütten, steht unter Denkmalschutz. Aus der Räucherei des Restaurants *Koserower Salzhütte* dringt würziger Duft. Nach dem Hering kommt der Hornfisch, um sich an der Heringsbrut satt zu fressen. Dann beginnen auf Rügen die Hornfischtage. Aalartig geformt und bis zu 60 Zentimeter lang, verblüffen die Fische mit grünen Gräten. Der Aal hat von Mai bis August Saison. Auf Hiddensee bekommt man ihn traditionsgemäß als Salzaal in Senfsoße. Berühmt ist auch die Hiddenseer Aalsuppe. Spickaal heißt er, wenn man ihn zum Räuchern auf einen Haken hängt.

Doch nicht nur Essen, auch Trinken hält Leib und Seele zusammen. Getränke wie Tee, Arrakpunsch, Eiergrog oder Glühwein, eigentlich Trophäen der fahrenden Seeleute, sind längst integriert, als hätte man sie hier erfunden. Eines der fruchtigsten Getränke wird aus Sanddorn gepresst. Die leuchtend orangefarbene „Zitrone des Nordens", welche vier Mal mehr Vitamin C als die gelbe Zitrusfrucht, außerdem viel Vitamin E und Betacarotin enthält, wächst überall im Norden.

Kartoffeln und Hering in allen Varianten sind die Grundlagen der deftigen Ostseeküche.

Register

Impressum

Autorin: Hanne Bahra
Fotograf: Johann Scheibner
Kartografie: Astrid Fischer-Leitl

Producing

Lektorat: imprint, Zusmarshausen
Satz und Layout: imprint, Zusmarshausen
Herstellung: Bettina Schippel
Repro und technische Produktion: Repro Ludwig, Zell am See
Projektleitung Bruckmann Verlag GmbH: Dr. Birgit Kneip

Reader's Digest

Verlagsbüro Stefan Korais (Projektleitung)
Grafik: Gabriele Stammer-Nowack
Chefredakteurin Ressort Buch: Dr. Renate Mangold
Art Director: Susanne Hauser

Produktion:
arvato print management: Thomas Kurz

Dieses Buch entstand in Zusammenarbeit zwischen der Bruckmann Verlag GmbH und Reader's Digest Deutschland, Schweiz, Österreich, Verlag Das Beste GmbH, Stuttgart, Zürich, Wien

Genehmigte Sonderausgabe für Reader's Digest Deutschland, Schweiz, Österreich
Verlag Das Beste GmbH, Stuttgart, Zürich, Wien
© 2013 Bruckmann Verlag GmbH, München
© 2013 Reader's Digest Deutschland, Schweiz, Österreich –
Verlag Das Beste GmbH

Druck und Binden:
Guangzhou Fung Choi Printing Co., Ltd, Guangzhou

GR 0191/L/S

Printed in China

ISBN 978-3-89915-937-0

Besuchen Sie uns im Internet
www.readersdigest.de | www.readersdigest.ch | www.readersdigest.at